Doris Knecht

SO GEHT DAS!

Wie man fidel verspießert

GEGRÜNDET
1999

Doris Knecht

So geht das!

Wie man fidel verspießert

Czernin Verlag, Wien

2. Auflage

Bibliografische Information der Deutschen Bibliothek
Knecht, Doris: So geht das! – Wie man fidel verspießert / Doris Knecht
Wien: Czernin Verlag 2006
ISBN-10: 3-7076-0203-6
ISBN-13: 978-3-7076-0203-6

Satz: Burghard List
Umschlag: Ulrich Schueler
Cover-Foto: Doris Knecht
Lektorat: Florian Huber
Druck: Druckerei Theiss, A-9431 St. Stefan
ISBN-10: 3-7076-0203-6
ISBN-13: 978-3-7076-0203-6

Für meine Töchter
Luise und Rosa

Das Kind ist doch schon so gestraft genug

Dem brünetten Mimi hab ich jetzt Stirnfransen schneiden lassen, und Sedlacek sagt, was hast du getan, das Kind sah aus wie ein Engerl und sieht jetzt aus wie Prinz Eisenherz, und ich hab gesagt, dafür sieht das Kind jetzt aus den Augen und muss sich nicht mehr im Sekundentakt die Haare aus dem Gesicht wischen, und Sedlacek zitiert, wie ich das gerne im Zusammenhang mit Schuhen tue, den Architekturtheoretiker Friedrich Kiesler. Function follows form, sagt Sedlacek, und ich sage, Sedlacek, erstens hinkt das fransenbezüglich ein bisserl, zweitens ist das Kind zwei Jahre alt und nimmt an keinem Schönheitswettbewerb teil, wir sind ja hier nicht in Amerika. Glücklicherweise sind wir nicht in Amerika, sondern im, wie Schwarzenegger am Republikaner-Convent erklärte, postsozialistischen Österreich, beziehungsweise am Wochenende bin ich schon wieder in Zürich. Was machst du da schon wieder, sagt Sedlacek, und ich sage, dass ich an einer Veranstaltung für die Mutterschaftsversicherung teilnehme, also ich trommle ein bisschen dafür, dass die Leute abstimmen gehen und diese Vorlagen endlichendlichendlich durchkommen, weil in der Schweiz, erklär ich Sedlacek, bislang von den Frauen praktisch noch immer erwartet wird, dass sie nur Kinder kriegen, wenn sie einen Mann haben, der sie finanziell versorgt, während sie daheim das Kind versorgen, aber Sedlacek interessiert sich wie stets nicht fürs Politische, sondern wird immer noch nicht mit der Mimi-Frisur fertig.

Der Coiffeurbesuch war übrigens interessant, weil die Coiffeuse, an deren winzigem Salon wir täglich auf dem Weg zum Kindergarten vorbeikommen, eigens betont hat, ja, sie schneidet auch Kinder, aber es wurde dann schnell klar, dass sie nicht oft Kinder schneidet. Dabei hab ich die Zwillinge extra mit Smarties sediert, aber die Friseurin wurde schon total nervös, weil das blonde Mimi, das nach wie vor keinen Friseur braucht, ein wenig im Salon herumwuselte und Sachen anfasste. Und das brünette Mimi war vergleichsweise superbrav, schrie nicht, schlug nicht um sich, sondern saß friedlich auf dem Stuhl, starrte in den Spiegel und rieb nur ein bisschen seine Schoggifinger in den Frisierumhang, was ich vertretbar fand, aber die Coiffeuse wurde total hektisch und sagte, sie habe nur diesen einen Umhang und noch acht Kunden am Nachmittag. Schließlich wurde das Mimi-Haar ohne Umhang und nicht ausnehmend virtuos geschnitten, weil die Friseurin abwechselnd an dem einen Mimi herum schnippelte und das andere von Sachen verscheuchte, und am Ende musste ich das Fransen-Mimi an den Fußknöcheln packen und ausschütteln, was es eher weniger goutierte. Immerhin hat die Coiffeurin nichts für den Haarschnitt verlangt, das fand ich fair und ließ ihr ein paar Euro Schmerzensgeld da für die erlittene Pein. Und nächstes Mal schneid ich die Mimi-Haare wieder selber, sag ich, untersteh dich, sagt Sedlacek, das Kind ist schon so gestraft genug, die Mutter immer irgendwo am Politisieren und dann auch noch Stirnfransen, und ich sag, ha, ha, ha.

Danke für Ihren Anruf

Um 6.10 Uhr brüllt das Babyfon Mamamama!, was ich bis 6.12 Uhr ignoriere, ich bin eine müde Mutter, die gestern Ausgang hatte, und das ist nicht die Zeit, um aufzustehen. Nicht am ersten Tag, an dem die Kinder nicht mehr bei der Tagesmutter untergebracht sind, die ihren Dienst am Ende der Welt und pünktlich Schlag Morgendämmerung verrichtete. Ab Montag ist Kindergarten, der Kindergarten ist um die Ecke, wir schlafen jetzt bis acht. Wir! schlafen! jetzt! bis! acht!, telepathiere ich dem Kind hinüber ins Kinderzimmer, und zum allerersten Mal im Leben scheint mir etwas Metaphysisches zu gelingen, denn ab 6.13 ist tatsächlich kein Piep mehr zu hören, und um 6.15 beginnen sie, die Straße aufzureißen, direkt unter unseren Fenstern. Ab 6.17 pflügen beide Kinder durch unser Bett, weshalb ich mit bemerkenswertem Gleichmut registriere, wie um 6.30 die beiden Glascontainer vor unserem Haus geleert werden, wie das verlässlich jeden Dienstag und Freitag pünktlich um 6.30 geschieht.

Da könne man nichts machen, sagt die Dame an der Bürgerhotline, die ich um 8.01 Uhr kontaktiere, nachdem ich um 7.25 ein SMS meines Chefs vorfand, ob es sich nicht aufdränge, in der Kolumne etwas über den Verkauf der österreichischen Telekom an die Swisscom zu schreiben. Da könne man nichts machen, ab 6 Uhr früh seien Bau- und andere lärmige Arbeiten erlaubt, und ich sage, asso, spitze, aber könnte man trotzdem bitte mal die Route von den Glascontainerleerungen ändern, das ist ja ein Wahnsinn, dass immer gerade wir zweimal die Woche um halb sieben aufrecht im Bett stehen, die Dame sagt, hm, tja, aber sie leitet das gerne weiter. Aber sicher. Garantiert. Ich bin mit den Hotline-Weiterleitungsmodalitäten vertraut, da ich derzeit hauptberuflich als Hotline-Klientin tätig bin, die Telekom hat mir nämlich am Montag einen ADSL-Anschluss installiert.

Die Wiener haben das Hotline-System zwar nicht erfunden, aber nigendwo sonst auf der Welt fand es einen derart fruchtbaren Humus für seine Entfaltung und Perfektionierung vor. Denn zuständig oder verantwortlich war in Wien schon prähotline keiner, im Unzuständig- oder Nichtverantwortlichsein hat Wien eine triumphale Tradition, wie man schon bei Robert Musil nachlesen kann, dessen «Mann ohne Eigenschaften» gerade wieder chic ist; jeder liest das augenblicklich, mein Buchhändler, zwei Kollegen sowie, wie ich der «Weltwoche» entnehme, Eva Wannenmacher, und auch ich bin schon auf Seite 201, das allerdings seit sechs Wochen. Seit sechs Tagen dagegen versuche ich, meinen neuen ADSL-Anschluss in Betrieb zu nehmen, und wenn die Verhandlungen, die ich deswegen mit bislang geschätzten 35 Telekom-Hotline-Mitarbeitern geführt habe, jenen um den Verkauf an die Swisscom nur in Mikrofasern ähneln, dann wundert mich nicht, was ich um 8.11 Uhr im Teletext lese, der Verkauf ist nämlich geplatzt. Um 9 Uhr hatte die Telekom dadurch um 1,2 Milliarden Euro an Wert verloren, aber mei, vermutlich wären die Gegensätze in der – wie nennt das Musil? – «Technik des Seins» auf Dauer sowieso unüberwindlich gewesen.

Und jetzt fällt mir ein

Ich weiß genau, was ich erzählen wollte. Besser: Ich wusste es noch um sechzehn Uhr, als ich den Nudelteig aus dem Kühlschrank nahm und mir dachte, genau, darüber werde ich in der nächsten Kolumne schreiben, und es mir wieder nicht in meinem Notizbuch notiert habe, sondern mit den Mimis, die gerade im Backebackekuchen-Alter sind, Tortellini bastelte. Gelogen: Ich bastelte Tortellini, während die Mimis aus Mehl, Ei und dem Küchentisch eine stabile Verbindung herstellten. Später kam die Nachbarin mit ihrem dreijährigen Anton rauf, und wir zelebrierten unsere kleine maternale Schicksalsgemeinschaft, wie wir das gerne an Spätnachmittagen tun. Wir kochten also die Tortellini in Salzwasser, befeuchteten sie je nach Geschmack mit geschmolzener Salbeibutter oder Tomatensauce, öffneten eine Flasche Fass 4 vom Ott und brachten sie zur Neige, während die Kinder um den neuen Mutter-hat-ein-schlechtes-Gewissen-Hubschrauber stritten und die Männer noch ihrer Arbeit nachgingen.

Mutter hatte ein schlechtes Gewissen, weil eins der Mimis recht geheult hat, als sie am dritten Kindergartentag die Kinder für zwei Stunden alleine dort ließ: Die Kinder finden den Kindergarten prima, würden es aber begrüßen, wenn ihre Eltern ihren Tag auch dort verbringen würden. Nach zwei Stunden gabs ausnahmsweise ein Schoggigipfeli, plus ein Lego-Polizeiauto und einen Lego-Hubschrauber, der nun unter Geplärre in seine Bestandteile aufgelöst wird; wenn ich ihn nicht für mich haben kann, sollst du ihn auch nicht haben. Die Kinder sind grad tief in ihre Ich-Phase eingebettet, und wenn die Nachbarin und ich jetzt noch ein einziges Mal den Kampfschrei MAAAAAAIIIIIINS!!!! hören, machen wir die Tür zum Spielzimmer zu, und ich leg die neue Libertines-CD ein und drehe auf elf, und jetzt fällt mir ein, was ich berichten wollte, die Kinder, MAAAIINE Kinder!, hassen nämlich Rock'n'Roll.

Man muss dazu wissen, dass der Lange, seit wir ein Auto besitzen, sich von einem überzeugten Benutzer öffentlicher Verkehrsmittel in einen fanatischen Autofahrer verwandelte, erstens weil er ein fauler Hund ist, zweitens weil er das Auto sozusagen in eine Art Herrenzimmer umgerüstet hat, und ich muss jedes Mal, wenn ich beifahren möchte, erstmal Motörhead, Turbonegro, Killdozer, Kyuss, Phünnhög und andere Beidlrocker von meinem Sitz verjagen. Immerhin ist der Lange kein Selbstmörder und hat immer auch ein paar CDs für Mädchen dabei, wobei ich bekanntlich ein wildes Mädchen bin, und als der Lange letztes Mal, als wir mit den Kindern irgendwohin gefahren sind, die neue Libertines einlegt, bin ich auch gleich angetan und drehe recht laut auf. Geht es hinten gleich los: Weg die Musik! Ausschalten!, zu laut! ZU LAUT! Tut in den Ohren weh!! AUAAAA! AUS!SCHAL!TEN! AUS!SCHAL!TEN, bis der Lange und ich resigniert aufs Knopferl drücken. Unsere Kinder. Irgendwas haben wir falsch gemacht.

Wird schon.

Noch habe ich nicht mal dargelegt, dass ich das Stillen für komplett überschätzt halte, schon treffen Leserbriefe voll der Frage ein, warum denn eine wie ich überhaupt Kinder kriegt; wo sie dann doch eh nur rumjammert und ihrem früheren Leben nachtrauert? Frau K. aus I. etwa schreibt, ihr gefalle die Art nicht, wie ich Mutterschaft als Martyrium darstelle, und selbst Sedlacek meinte dieser Tage, ob ich eigentlich nie Angst hätte, dass meine Kinder, dereinst, bei der Lektüre dieser Texte, den Verdacht hegen könnten, sie seien mir nur Last gewesen?

Das alarmiert mich, wobei ich unsicher bin, ob der Umstand, dass schon die Pflege einer Yuccapalme Sedlacek komplett überfordert, für oder gegen mich spricht. Ich überlege ernstlich, ob ich nun in Thurnherrenmanier am Ende aller meiner Texte versichern muss, dass ich übrigens meine Kinder über alles liebe … Ich liebe meine Kinder über alles, blaffe ich Sedlacek an, letzten Montag zum Beispiel hab ich einen für den Langen und mich beim Fabio reservierten Tisch wieder storniert, weil ich es keinen Tag länger in unserer leeren, stillen, aufgeräumten Langschläfer-Wohnung ausgehalten habe, und statt zum Fabio fuhren wir aufs Land zur Oma und entrissen der armen, guten Frau die Kinder, die dort drei glückliche Tage verbrachten, und warum? Weil ich es ja gar nicht mehr aushalte, wenn ich nicht ohne Unterlass zugebrabbelt, herumkommandiert, vollgejammert, niedergekichert, angesungen und versklavt werde, kennst du übrigens LCD Soundsystem? Denn LCD Soundsysstem, großartig übrigens, haben einen Song, der geht so: „I´m losing my edge: to the kids, to friends, to money. But I was there.“

Auch ich war mal there, aber wenn ich hin und wieder sentimental an there zurückdenke, heißt das ja nicht, dass ich wieder dorthin will. Trotzdem bin ich für Mutterschaftsverklärung nicht zuständig. Wenn Sie das wollen, lesen Sie bitte eine Papst-Enzyklika oder das ÖVP-Parteiprogramm oder rufen Sie Lotte an, die sagte kürzlich, als ich wegen allekrankdazuauchnochabendterminesorry meinen Besuch absagen musste: macht nichts. Seit sie schwanger sei, meinte Lotte voller Verständnis, könne sie meinen permanenten Stress endlich verstehen, und ich sag: Du, dank dir, Mausi, und nicht: Du, dann wart aber mal, bis dein Kind da ist.

Mein Kind steht gerade am Balkon und brüllt irgendwas auf die Straße … Was brüllt die da???? Ihr Leuten!, brüllt die, lasst mich RUUUUHÄÄÄÄ!!! Das beweist, dass unserer Familie eine gewisse agressive Misantrophie immanent ist. Mama, hast du ein neues Lied gekaufen?, fragt derweil das andere Kind, und ja, das hab ich, das Lied heißt „Sprout and the bean“, ist kein Kinderlied und nicht von Gaul, sondern von Joanna Newsoms merkwürdig-schöner CD „The Milk-Eyed Mender“, und dann geschieht etwas Wunderbares, denn das Kind sagt: nochmaaaal! Und nicht: ausschalten! Passen Sie auf, es wird hier vielleicht noch alles total harmonisch.

More than this

Gerade eben war ich noch in München, hab in einem Bierlokal mit FSK-Vorstand Thomas Meinecke und Fritz Ostermayer über Pop und Soul diskutiert und dann mit dem Hias im NoMiYa bayrisches Bier getrunken und japanische Yakitori gegessen, bis zwei in der Früh. Das NoMiYa samt dem Hias hätt ich in Wien auch gern, stattdessen muss ich ins Take Five, weil Lili Kerschbaumer ein Mail geschickt hat, dass alle ins Take Five kommen müssen, zur Karaoke-Party. Die Lili kenne ich, weil sie eine dicke Freundin von der Mizzi ist und die Tochter vom Kerschbaumer, einem Medienmenschen, mit dem man lustig feiern kann, man muss nur seine Hände ein bisserl im Auge behalten. Die Lili hat von ihrem Vater das Lebensfrohe in die Gene gestempelt gekriegt, und wenn die Lili einem ein Mail schickt, dass man zum Karaoke ins Take Five kommen muss, dann geht man hin, weil das wird sicher lustig, was immer dieses Take Five auch für eine Bar ist. Ich war da noch nie, aber ich stelle es mir irgendwie so vor wie die Karaoke-Bar in «Lost in Translation», wo Bill Murray «More than this» singt, so eine flirrende, gefühlige Zwischenwelt, in der man sich einen Moment lang nicht für die Unzulänglichkeit der eigenen Existenz zu genieren braucht, weil sie in diesem Raum und in diesem Moment vollkommen ist und ohne Makel.

Selbstverständlich ist das Take Five, wie sich pronto zeigt, eine gruselige, messingblitzende Klatschspaltendisco voller blonder Frauen mit Stirnfransen. Ich muss, während ich Lili und Mizzi suche, ununterbrochen irgendwelchen Kameras ausweichen, nicht, weil die an mir interessiert wären, sondern weil das Lokal vor B-Prominenz nur so wabert und man ständig unfreiwilligerweise neben einem Ex-Beachvolleyballchampion, einem Musicalstar, einem Seriendarsteller oder einer Wetteransagerin zu stehen kommt. Und all diese grauenhaften Menschen singen grauenhafte Songs – Musik, die ich nicht kennen und nicht hören will, Musik, die es in einer Welt, die Menschen wie Bryan Ferry und Bill Murray und Thomas Meinecke und den Hias enthält, nicht geben sollte. Ich hatte keine Ahnung, wie schrecklich es im Take Five ist, und ich hatte keine Ahnung, dass Lili sich in so schrecklichen Lokalen rumtreibt, und ich brülle, Liliiiiiii!!!! In was für eine Gesellschaft bist du da geraten?!?!? Liliiiiiii!!!! Warum muss ich hier sein?!?!?, und Lili brüllt, dass sie mir zum Trost «Schöner fremder Mann» singen wird, und ich brülle, Liliiiiiii!!!! Ich muss das leider alles deinem Vater melden!!!!, und Lili brüllt, ja, mach das, er sitzt da drüben an der Bar!!!! Nicht mal auf den Kerschbaumer ist also noch Verlass, aber ich geh trotzdem rüber und bussel ihn ab und gratulier ihm und dem aufgeregten blonden Ponymädchen neben ihm, sie werden nämlich übermorgen heiraten. Und dann geh ich, trotz Kerschbaumers entschiedenen Protesten. Ich gehöre hier nicht her. Ich will nach Hause; ich will meine Kinder schlafen sehen und im Dunkeln Bryan Ferry hören, und einen kleinen, flirrenden Moment lang wird die Welt ohne Makel sein.

Wahrscheinlich liegts am Testosteron

Interessant auch: Wir waren mit den Horvaths übers Wochenende auf dem Land, die besitzen dort ein altes Haus mit einem großen Garten, wovon wir schamlos profitieren. Weil, Glück gehabt: Die Horvaths, mit denen wir seit Jahrhunderten bekannt sind, traten in ihre Kleiner-Horvath-Ära ein, genau vier Tage bevor unser Mimi-Zeitalter begann. Sie verstehen? Gleichzeitig Kinder zu kriegen, ist ein hervorragender Grund zur Vitalisierung alter Bekanntschaften.

An besagtem Wochenende war zufällig Ostern, und wir versteckten den Kindern Nester, halt so, dass auch drei zweijährige Blödis sie finden können. Alle drei Nester enthielten exakt dasselbe: eine von Ernährungsexperten nicht empfohlene Anzahl von Schoggieiern, Schoggihühnern und Schoggihasen, eine Ratsche, ein Pfeiferl, zwei Spielzeugautos. Die Nester wurden zügig gefunden, Folgendes geschah: Die eine Mimi, die seit Wochen jeden neuen Morgen mit dem bislang erfolglosen Ruf nach Luuukoooolaaadeee!!! begrüßt, verbrachte die folgenden Stunden in einem Schoggidelirium. Die andere Mimi zermalmte ein Ei, verputzte einen Hasen und deckte das Huhn mit dem Kunstgras zu. Und der kleine Horvath sammelte wie der Blitz alle sechs Autos ein und ward nicht mehr gesehen, bis eine der Mimis Stunden später mal eines ihrer Autos begutachten wollte. Da wurde der kleine Horvath ziemlich körperlich, und es gab viel Geplärre. Wissen Sie was, ich glaub, das ist das Testosteron.

Ich hab gerade «Die Wiederentdeckung der Gleichheit» (Ullstein), die spannende Streitschrift der französischen Philosophin und Feministin Elisabeth Badinter gelesen, die ich sehr empfehle, weil sie darin den Frauen rät, nicht wehleidig zu sein, sich nicht über die Unterschiede zu den Männern zu definieren, sondern sie auszugleichen, sich nichts gefallen zu lassen und sich zu wehren, sozusagen wie ein Mann. Ich bin über weite Strecken ihrer Meinung, aber wie tut man das, wenn man ohne Testosteron geboren wurde? Wie holt man das auf? Weil, wenn ich mir den kleinen Horvath und die Mimis anschaue … Interessant.

Dabei geht die Horvath-Mutter, Ärztin, arbeiten, während der Künstlervater sich um den kleinen Horvath und den Haushalt kümmert. Alle drei Kinder haben ungefähr das gleiche Spielzeug, Lego, Autos, Plüschtiere, kleine Puppen, Dreiräder und Bücher, und trotzdem: Der kleine Horvath will nur mit Autos spielen, Bagger schauen und Bällen nachjagen. Und die zweite Mimi deckt abends stets ihren Bären gut zu und will jetzt immer die Puppen von größeren Mädchen adoptieren. Nur bei der ersten Mimi lässt sich behaupten, dass Geschlecht ein soziales Konstrukt sei: Die hat sich ihres offenbar noch nicht ausgesucht und zeigt keinerlei geschlechtstypische Spielpräferenzen. Allerdings hat sie mit ihrer Schwester gemein, dass sie keine anderen Kinder haut oder beißt, was der kleine Horvath schon tut, und zwar mit einem Engagement, das seine Eltern ratlos macht. Es muss das Testosteron sein, was anderes fällt uns dazu einfach nicht ein.

Unter Müttern

Ich bin muffig. Es ist Vollmond, ich bin verkühlt, es ist 16 Uhr, und ich sitze mit lauter Müttern am Spielplatz und denke, weil es sich grad aufdrängt, über Gleichberechtigung nach. Weil wie das Tüpfli aufs i passt dazu die Gesellschaft, in der ich mich an diesem wie an fast jedem Spielplatznachmittag befinde: gute Gesellschaft nämlich, sehr gute Gesellschaft. Ich unterhalte mich mit Ärztinnen und Architektinnen, mit Beamtinnen und Beraterinnen, Psychiaterinnen, Programmiererinnen, Politikerinnen und anderen hervorragend ausgebildeten Frauen, die eindeutig nicht hierher gehören, sondern an ihren Arbeitsplatz, um zu tun, was sie gelernt haben: Leute heilen, Häuser bauen, das Internet designen, Politik machen und danach ein bisschen networken beim Apéro.

Aber wer ist an seinem Arbeitsplatz und beim Apéro? Die Männer. Während ihre Frauen auf die Kinder und so weiter, das übliche Pillepalle, aber warten Sie, die Geschichte kriegt noch einen Twist. Leser Urs R. fragte kürzlich in einem Leserbrief: «Lässt sich an einem schönen gewöhnlichen Werktag auf den Spazierwegen im Wald oder am See ein männliches Wesen älter als 15 und jünger als 60 Jahre treffen? Leider undenkbar!», schreibt Herr R. «Sind alles Frauen! Die Männer sind alle an der Arbeit!»

Aber wissen Sie was, Herr R.? Viele der Frauen auf den Spazierwegen wären dort auch gern. Der Spazierweg als solches wird nämlich völlig überbewertet, das weiß jede Mutter, die ihn ein, zwei Jahre lang mit einem Kinderwagen abgetrottet ist und sich gewünscht hat, sie wäre nicht hier. Sondern in einem Kostüm. Bei der Lohnarbeit. Und die meisten Mütter, die augenscheinlich gemütlich am Spielplatz in der Sonne abhängen, die wünschen sich Ähnliches. Aber da ihre Männer im

Durchschnitt um ein Drittel mehr verdienen als die Frauen, stellt sich die Frage nicht, wer in der Zeit, in der die Kinder klein sind, sein Einkommen aufgibt. Und Rosi hatte völlig Recht, als sie letztes Mal in Zürich gemeint hat, dass man es drehen und wenden könne, wie man wolle, alles Unheil der Ungleichberechtigung resultiere daraus, dass die Frauen und die Männer nicht gleich viel verdienen.

Aber sehen Sie: Auf diesem Spielplatz, auf dem ich grad sitze, unterhalte ich mich auch mit Frauen, die teilweise signifikant mehr verdienen als ihre Männer. Frauen, die 70, 80 oder 90 Prozent des Familieneinkommens beitragen, mit Teilzeitarbeit, die sie am Vormittag und über Mittag und am Abend, wenn die Kinder im Bett sind, erledigen. Um zwei oder drei verlassen sie ihre Arbeit, gehen einkaufen, holen die Kinder von den Tagesmüttern, aus den Krippen und Kindergärten und sitzen dann mit ihnen am schlimmsten Ort der Welt, am Spielplatz. Weil, hey, es ist für einen Mann wirklich schon demütigend genug, wenn er weniger verdient als seine Frau. Welche Frau mit ein bisserl einem Herz würde der armen Sau da noch den letzten Rest Männlichkeit abzwicken, indem sie ihn auf den Spielplatz schickt? Unter lauter Mütter? Boah, bin ich muffig.

Leben ist Siechen, oder

In Innsbruck sind die Fischers im Babystress. Als ich anrufe und frage, wies so geht, alles okay bisher?, sagt Toni Fischer, ja, einigermaßen, dem Baby gehts gut, nur die Nächte sind halt hart. Ich sag, oje! Toni sagt, dieser unruhige Schlaf immer, das ständige Aufwachen und dann nicht mehr einschlafen können, das macht ihm und Sissi außerordentlich zu schaffen. Ich sage, na, dann freut euch mal, bis das Baby auf der Welt ist. Denn das Baby kommt im September, die Fischers sind im fünften Monat. Die Fischers hätten uns eigentlich dieses Wochenende in Wien besuchen sollen, aber weil die Fischers Schwangerschaft im Gegensatz zur Schulmedizin mehr als eine Krankheit sehen, ist Sissi Fischer in ihrem Zustand eine derartige Strapaze nicht zuzumuten.

Den Fischers ist das Leben eine endlose Krankheit, ein immerwährendes Siechen und Vergehen, das nur hin und wieder von überraschenden Intervallen völliger physischer Unversehrtheit unterbrochen wird. Aber speziell Toni Fischer interpretiert solche Phasen stets als einen leicht durchschaubaren Versuch des Körpers, seinen Besitzer in trügerischer Sicherheit zu wiegen, um ihn dann, kaum passt er eine Minute, einen Tag, eine Woche nicht auf, schlagartig mit rasanten Tumoren und rasenden Geschwüren zu befallen und final, also letal zu ruinieren. Je pumperlgesünder Toni Fischer sich fühlt, desto öfter liegt er beim Arzt. Das Kurzwahlverzeichnis seines Handys enthält die Nummern von Sissimaus 1, der Auskunft 2, einer Internistin 3, eines Urologen 4, eines Chirurgen 5, einer Onkologin 6, einer Notfallmedizinerin 7 und eines Orthopäden 9. Vier dieser sechs Mediziner sind enge Freunde der Fischers, und der Lange und ich wissen gar nicht, wie uns die Ehre der Taste 8 zuteil wurde, wo sich doch unsere medizinischen Kenntnisse auf einen Erste Hilfe-Kurs von anno dingsbums beschränken. Wir haben längst angeboten, unseren Kurzwahlplatz an einen guten Psychoanalytiker abzutreten, aber derartige Scherze ignoriert Toni nicht einmal.

Bei Sissi Fischer aber ist auf 8 der Gynäkologe kurzgespeichert, eine internationale Kapazität auf dem Gebiet der Frauenheilkunde, und genau diese Taste drückte Sissi Fischer vor ein paar Wochen in ihrer Verzweiflung: Stundenlanges, anhaltendes Busenweh hatte in Sissi jeglichen Zweifel darüber ausgeräumt, dass sie an Brustkrebs erkrankt war und nur durch eine Notoperation zu retten sein würde. Angelegentlich der anschließenden Untersuchung durch die Kapazität erfuhr Sissi dann vom anstehenden Kinderglück. Seither planen die Fischers einen Wien-Besuch, vielerlei interessante Beschwerden vereiteln diese Absicht aber stets. Vermutlich wird eine derart gefährliche Reise in eine Stadt mit derart fragwürdiger medizinischer Versorgung vor der Niederkunft kaum mehr zu verantworten sein. Wäre es eigentlich, fragt Toni Fischer am Telefon, nicht viel unkomplizierter, wenn wir mit den beiden Mimis für ein Wochenende nach Innsbruck reisten? Der Lange und ich können es kaum erwarten, bis das Fischer-Baby endlich da ist. Das wird schön.

Ich will alles

Auf die «Unter Müttern»-Kolumne, in der ich muffig am Spielplatz saß, kamen überraschend viele Leserbriefe, einerseits von Müttern, denen es auch so geht, was mich nicht wundert. Andererseits kritisiert Maria K., dass ich nie darüber schreibe, wie schön und erfüllend das Leben mit Kindern sei, und Christian W. ging überhaupt so weit zu fragen, wieso denn solche Frauen wie ich, die unbedingt arbeiten und sich selbst verwirklichen möchten, eigentlich Kinder haben wollen?

Erstens ist das eine saudumme Frage. Zweitens: Es wollen ja längst nicht alle. Von meinen Freundinnen wollte zum Beispiel Rosi nie eines (und das ist okay für mich, weil einmal, als wir in einem Straßencafé saßen, hielt sie ein noch sehr kleines Mimi im Arm. Angst.), und eine andere, eben 35 geworden, hat mir letzthin erzählt, sie und ihr Schatz hätten jetzt mal ernsthaft darüber gesprochen und seien zu dem Schluss gekommen, lieber nicht, lieber weiter ein Leben führen voller fauler, verlesener und vervögelter Wochenenden und langer Reisen, und überhaupt geht sie jetzt mal ein Jahr oder so nach Berlin, und dafür hat sie tatsächlich mein volles Verständnis. Ich würde ihr nie sagen, dass ichs neben dem Verstehen auch ein bisschen schade für sie finde, weil sie niemals auch nur die Idee davon kriegen wird, was ihr entgeht.

Denn was Maria K.s Kritik angeht, bin ich jetzt unter Druck. Jetzt sollte hier natürlich signifikantes Erlebtes rapportiert werden, das meine makellose Mimi-Liebe samt applizierter Aufopferung möglichst augenscheinlich illustriert, aber mir fällt gerade nur ein, wie der Lange und ich in der Früh, bevor wir zur Arbeit gingen, in unserem Bett an den Zehen der Mimis nagten, und die Mimis haben vor Vergnügen ganze Oktaven gegigelt, und wie jeden Morgen fand ich, dass die

Tage in meinem ganzen Leben noch nie so gut angefangen haben. Aber, lieber Leser Christian W., ich bin maßlos. Ich will an den Mimi-Zehen knabbern, und dann will ich mich anziehen und arbeiten gehen und mein eigenes Geld verdienen und, ja, mich ein bissi selbstverwirklichen, und abends will ich mit den Mimis und dem Langen am Familientisch zu Abend essen, und alle erzählen wir uns von unserem Tag. (Ich beschönige hier ein wenig unsere Familientischsituation, denn tatsächlich versuchen der Lange und ich, ein Gespräch zu führen, während das eine Mimi ohne Unterlass etwas brüllt wie Mimidickabauch! Mimidickabauch! Mimidickabauch!, während das andere mit dem Löffel Dellen in die Buchenholzplatte hämmert, weil es Nudelnudelnudel!!! will und kein Kisotto. Aber ganz bestimmt werden wir schon demnächst beglückende Konversationen über unsere Tage führen. Ich greife hier sozusagen nur vor.)

Ich will also alles. Ungefähr wie ein durchschnittlicher Mann. Und ich werde nicht aufhören zu streiten und muffig zu sein, bis auch Sie das kapiert haben, und wenn ich die Mails von Verena S., Anni I., Daria, Vreni I., Sylvie R., Janet M., Manuela A., Margit M. und noch 35 arbeitenden Müttern richtig verstanden habe, bin ich damit nicht allein.

Morgen heb ich nicht mehr ab

Ich beschäftige mich gerade intensiv mit jungen Männern, aber nicht, wie Sie glauben … Ach, Sie glauben eh nichts. Prima, so weit ist es also gekommen. Andererseits, wie sollten Sie auch, nachdem hier in den letzten Wochen nur von kleinen Kindern und gleichen Rechten die Rede war. Sedlacek sagt auch, dass es ihm reicht, aber seit es mit der haarigen Dame, mit der er jetzt recht lange Zeit verliebt war, aus ist, kann man Sedlacek nur schwer ertragen. Ständig ruft er an und stets nach vier, wo ich doch um vier immer die Kinder von der Tagesmutter abhole, was Sedlacek weiß, und dann, was er nicht wissen kann, vorzugsweise in einem Moment, in dem das Kugel-Mimi, das vor einigen Tagen ansatzlos in die Trotzphase eingetreten ist, gerade vor der Bäckerei am Bürgersteig liegt und sich den Schädel tomatenrot brüllt, weil ich ihm statt eines Croissants eine Brioche gekauft habe oder umgekehrt. Und dann will Sedlacek immer nichts erzählen und über die Gründe für das Ende der haarigen Beziehung kein einziges Wort verlieren, und wenn ich ihm dann was aus meinem Leben berichte, dass zum Beispiel grad das Kugel-Mimi brüllend am Gehsteig liegt, sagt er, dass er sich langweilt, und ich sag, dann soll er sakrament halt nicht mehr anrufen, aber am nächsten Nachmittag um vier hat er das wieder vergessen. Morgen heb ich nicht mehr ab, aus.

Weil das trotzende Mimi ist schon ohne Sedlacek im Ohr eine Aufgabe. Wenn ich Zeit habe, lass ich es ein wenig am Trottoir liegen, während das andere Mimi und ich das Croissant beziehungsweise die Brioche verspeisen und uns unterhalten. Das andere Mimi trotzt noch nicht, studiert aber schon mal, wie es funktioniert. Mimi weint, sagt das Mimi, und ich sage, na, weinen würde ich das nicht mehr nennen, eher brüllen. Mimi brüllt, sagt das Mimi, genau, sag ich. Wenn wir Glück haben, kommt bald ein Hund daher, was das Trotz-Mimi verlässlich zum Einlenken bewegt. Wenn es ein kleiner, kuscheliger Hund ist, ist das Mimi entzückt, wenn es ein großer ist, kriegt es ein bisschen Angst, auf alle Fälle ist das Trotzproblem gelöst, bis der Saft in einem Becher der falschen Farbe serviert wird oder so was, jedenfalls gehen wir auf den Spielplatz, wo die Mimis buddeln und ich die letzten Seiten von «John Henry Days», dem hinreißenden Roman des jungen Colson Whitehead, lese. Oder wir gehen nach Hause und tanzen ein wenig zu Ron Sexsmith («Retriever») oder Gary Jules («Trading Snakeoil for Wolftickets») oder Nicolai Dunger («Here‘s my Song») oder zu allem von Will Oldham, lauter talentierte junge Songwriter, die eben neue Alben veröffentlicht haben, die die Mimis und ich durchgehend uneingeschränkt empfehlen.

Vor allem Ron Sexsmith ist ein in jeder Lebensphase tröstlicher Begleiter, nicht nur musikalischer Natur. Gegen Herz- und Weltschmerz höre man seine Alben. Wenn man aber gerade findet, man sähe heute unterirdisch aus, klicke man die «photogallery» auf www.ronsexsmith.com an: Wir sind alle gut dran, selbst an einem Bad Hair Day mit einem brüllenden Mimi am Boden und Sedlacek am Telefon.

You are the quarry

«Frau Knecht, gehen Sie doch wieder mal aus», mailte kürzlich ein Leser leicht durchschaubaren Hintergedankens. Jajajajaja. Ich würde ja, wenn ich nicht an sechs Abenden die Woche zwischen 21 und 21.10 Uhr vor dem Fernseher zusammenbrechen würde. Ich bin dem Schlaf eine leichte Beute. Dabei mache ich jetzt wieder regelmäßig Sport, ernähre mich gesund, trinke in Maßen und habe ein beglaubigt gescheites Buch zur Anregung der Hirntätigkeit in Arbeit. Zusätzlich zu alledem habe ich nun schon 60 000 Zigaretten nicht geraucht, und Mizzi sagt, dass sie bis heute nicht glauben kann, dass ich tatsächlich mit dem Rauchen aufgehört habe, jeden Moment rechne sie damit, dass ich mir eine anheize, so wie ich mir in meiner Prä-Mimi-Zeit jeden Moment eine angeheizt habe, und ich kann mich, sagt Mizzi, genau erinnern, wie du, wie ich dich damals in Zürich besucht habe, schon vor dem Aufwachen geraucht hast. Dass DU nicht mehr rauchst, ist innerhalb dieses historischen Kontextes überhaupt gar nicht möglich. Ist es aber. Und es fehlt mir auch fast nie, nicht mal beim Ausgehen, und auch nicht, wenn Mizzi mir dabei 35 Gauloises ins Gesicht bläst.

Ich würde also schon ganz gerne ausgehen, vorgestern mit Mizzi zum Beispiel, wenn nicht schon der Lange aus gewesen wäre, in Dublin; und heute, wo er wieder da ist, bin ich müde, und außerdem gibts gerade nichts mit einem relevanten Erlebnisquotienten. Dennoch bin ich froh, denn der Lange brachte mir ein schönes T-Shirt vom Morrissey-Konzert mit, das in seinem Pathos perfekt harmoniert mit dem zum Heulen guten Morrissey-Comeback-Album «You are the Quarry», das Sie sich bitte unmittelbar nach der Lektüre dieses Textes kaufen. Auch die Mimis sind froh, denn sie bekamen eine Bob-der-

Baumeister-Quietschfigur, und den Baumeister haben sie sehr lieb. Ich auch, denn er verschaffte mir an diesem Wochenende ein paar Verschnaufpausen, als ich die Mimis in augenschonendem Abstand vor dem Fernseher parkte und sie mit drei politisch korrekten Bob-Episoden zum Schweigen brachte. Ich bin eine schlechte Mutter. Aber eine, die die Wochenendzeitungen gelesen und frischen Lack auf den Zehennägeln hat.

Also bin ich froh

Schon in der letzten Kolumne habe ich befohlen, sich «Morrissey, you are the Quarry», das neue Album des Ex-Sängers der Smiths, zu kaufen, und da ich erstens ahne, dass wieder nicht alle gefolgt haben, tu ich es erneut. Zweitens konnte ich letztes Mal noch gar nicht wissen, wie verrückt wundervoll diese CD tatsächlich ist, weil ich sie da gerade ein paar Mal gespielt hatte. Während ich jetzt, nachdem ich die ganze Platte etwa 80 Mal und den Song «I'm not sorry» zirka 400 Mal gehört habe, über eine offizielle Empfehlungsberechtigung verfüge.

Ich höre Morrissey bei der Arbeit, beim Laufen und im Tram, und als gerade mal ein bisschen Zeit ist zwischen einem Termin und Kinderabholen, setz ich mich in einen winzigen Sushi-Laden in meiner Gegend, bestelle Sashimi, ein paar California Maki und grünen Tee, nehme mir eine alte «Gala» vom Stapel und lese sie dann nicht, sondern denke über «I'm not sorry» nach. «I'm not sorry for the things I've done», singt Morrissey, «I'm not sorry for the things I've said», und diese zwei Zeilen hätte ich noch vor ein paar Jahren als extrem suboriginell bekrittelt. Nun, mit Ende 30, ist mir klar, was Morrissey, 45, meint. Weil ich ein paar moralisch nicht einwandfreie Dinge von früher jahrelang wirklich sehr bereut habe. Aber jetzt, wo mir meine Endlichkeit allmählich bewusst wird und wo die Vernunft in 95 Prozent der Fälle über die Leidenschaft siegt, bin ich plötzlich froh über all die bedenklichen, aber nicht freudlosen Dinge, die mir früher manchmal passierten; bin ich froh, dass es eine Zeit gab, in der vor der Leidenschaft nur eine noch größere Leidenschaft kam und ich mich einfach hineinfallen ließ, manchmal.

Das macht mir ein bisschen ein November-Gefühl, auch weil es draußen regnet und viel zu kalt ist für die Jahreszeit;

ich habe einen beißenden Husten und einfach so stellt mir die Wirtin einen heißen, honigsüßen Tee mit Ingwer und Ginseng vor die Nase, was meine Sympathien für diesen Laden schlagartig multipliziert. Plus, das Sushi ist gut. Wie ich meinen Tee schlürfe, bemerke ich, dass da noch eine Frau alleine sitzt und liest, sie sieht fein aus in ihrem dunklen Anzug, und als ich so ein bisschen sinniere, was die so zu bereuen haben könnte und wie die wohl so lebt, fällt mir an der linken Schulter ihres Sakkos ein kleiner, heller Schmutzfleck auf: Und ohne den geringsten Zweifel handelt es sich bei dem Flecken um das internationale Erkennungszeichen der Working Mums, das unvermeidliche bisserl getrockneter Rotz, das Mütter von kleineren Kindern unvermeidlich irgendwo an sich kleben haben. Das macht mich froh und alarmiert mich, und ich lasse einen prüfenden Blick über meine Garderobe gleiten, und ha, da!, da is er: an meiner Hose, am Oberschenkel, wo mich ein Mimi in der Früh umkrallt hat, als ich gerade versuchte, ein wenig Mascara auf meine Wimpern zu kriegen. Und das macht mich, dort im Sushi-Laden, derart froh, dass ich den traurigen Morrissey-Song direkt vergesse, und ich glaube, das ist in Ordnung.

Es könnte aber auch regnen

Meine aktuelle Lektüre: die Berichte über das Klestil-Begräbnis, die Wetterprognosen für das Waldviertel, der Beipackzettel einer Packung Fieberzäpfchen für Kleinkinder, der Beipackzettel eines Augen-Gels, der eine «neu modellierte Augenpartie voller Leichtigkeit» verspricht, die SMSe, die mir Mizzi aus bebauten Gebieten zukommen lässt, das SMS, in dem sich Kerim Seiler für den Sonnenbrand bedankt, eine Internet-Schnellanleitung «Wände verputzen für Idioten», die Kalorientabellen auf Müslipackungen, ein feines kleines Interview-Buch, dessen Titelfrage «Warum haben Sie keinen Fernseher, Herr Luhmann?» mich interessiert, und wieder mal Don DeLillos «Weißes Rauschen», das ich glücklicherweise im Bücherregal fand, nachdem ich den rundum abgefeierten neuen Richard-Powers-Ziegel «Der Klang der Zeit» schon nach fünf Seiten wegen unerträglichen Schwulstes in die Ecke warf, was einen ansehnlichen Effekt auf den Verputz hatte. DeLillos «Weißes Rauschen» dagegen ist schon seit Jahren mein liebster Roman; die erneute Lektüre ändert daran nichts.

Er erwischt mich in einer passenden melancholischen Stimmung. Eben noch war ich in Zürich, hab auf höchstem Niveau getafelt, getrunken, debattiert, hab mich mit einem geborgten Velo durchs Züri-Fest, das von mir aus nicht stattzufinden braucht, gekämpft, sprang mitten im Zürichsee von einem Boot, lag mit Kerim Seiler im Utoquai und mit Rosi auf den Ledersitzen der Kronenhalle-Bar, durfte Haemmerli nach einem kurzen und aufrichtigen Kolloquium zum Thema Stil (Haemmerli: «Hättest du eventuell auch was anderes zum Anziehen dabei?» Ich: «Äh. Ja.» Haemmerli: «Dann zieh es bitte an.») mit zu einem netten Apéro in ein neues Haus am Rigiblick begleiten, in dem auch der Designer Hannes W.

wohnt, welcher mich auf Anhieb erkannte, zu meinem Entzücken, denn die letzten fünf Mal, als uns Haemmerli bekannt gemacht hatte, war das nicht der Fall gewesen.

Nun sitze ich mit dem Langen und den Mimis im Waldviertel, diesem – wenig verwunderlich – nachlässig besiedelten Landstrich, wo wir durch die Fenster des Horvathschen Landhauses hinaus in einen Regen starren, immerwährender als die Schweizer Neutralität. Es ist ein bisschen ein Kulturschock. In Zürich hatte ich lauter Menschen getroffen, die gerade von beeindruckenden humanitären oder wenigstens feuilletonrelevanten Missionen aus New York, Marseille, Addis Abeba oder Athen zurückgekehrt oder gerade auf dem Sprung nach Paris, Kinshasa oder Washington waren. Und was mach ich so? Nothing to write home about. Arbeiten, Kinder abschmusen, Kalorientabellen studieren. Und nun mich mit den Mimis in Gummistiefeln und Öljacken durch hüfthohes, tropfendes Gras kämpfen, wo wir jede Schnecke persönlich begrüßen und verschreckten Rehen lange nachwinken. Wobei ich zugeben muss, dass mich das und die fette Ehrlichkeit verregneter Natur maßlos berührt, wo mir die Natur bisher doch immer ausgesprochen einerlei war … Trotzdem muss ich dringend nach New York.

In der Jauche

Niklas Luhmann, der Verfasser von «Die Realität der Massenmedien», hatte nun also deshalb keinen Fernseher, weil «in den wenigen Momenten, wo ich Zeit habe, nie irgendwas kommt, was mich interessiert». Das wars eigentlich schon. Auch deshalb bin ich von dem Buch, dessen Titelfrage («Warum haben Sie keinen Fernseher, Herr Luhmann?», Kadmos-Verlag) der 1998 verstorbene Soziologe also derart beantwortete, nun doch nicht so begeistert: Ich hätte wohl gerne eine engagiertere Antwort gelesen, weil ich mich natürlich seit einiger Zeit mit der Frage beschäftige, ob es für die Mimis nicht besser wäre, wir würden unsere beiden TV-Geräte aus der Wohnung entfernen. Oder verstecken und nur benutzen, wenn die Mimis schlafen oder außer Haus sind.

Aber nicht nur die Antwort, schon das Vorwort ernüchterte mich, denn erstens langweilt mich der Herausgeber dort mit No-na-Feststellungen wie «… darf vermutet werden, dass es noch nie so viel Bilder von der Welt auf der Welt gab wie heute», zweitens ärgert er mich gleich mit einem dieser arroganten Theoretiker-Glaubenssätze: «Wer über die Massenmedien urteilen will, muss sie nicht konsumieren.» Denn die Bilder im Fernsehen seien ja sowieso nicht objektiv. Ja, Luhmann hat wesentliche Theorien über die konstruierte Wirklichkeit im Fernsehen aufgestellt, und wir wissen auch dank ihm längst, dass Wahrheit relativ ist und die Wahrheit der TV-Bilder sowieso. Dennoch macht es sich zu leicht, wer das Fernsehen verweigert, weil es ja ein reines Lügen- und Illusionsmedium sei. Denn selbstverständlich muss, wer etwas über den Zustand der Gesellschaft erfahren will, das Fernsehen hin und wieder einschalten, das Privatfernsehen, und zwar vormittags, am frühen Nachmittag und nach Mitternacht.

«Für die meisten Menschen gibt es nur zwei Orte auf der Welt. Der, an dem sie leben, und ihren Fernsehapparat», schrieb Don DeLillo 1984 in «White Noise», und daran hat sich in den letzten 20 Jahren höchstens geändert, dass sich die Welt vieler Menschen noch auf einen dritten Ort ausgeweitet hat: auf den TV-Kamera-Winkel, in dem sie ihre Sünden beichten, ihre Freunde und Ex-Geliebten vorführen, sich genetisch auf Vaterschaften testen lassen, ihre operierten Brüste und aufgepumpten Lippen herzeigen, in Jauche baden, Ungeziefer fressen, Fremde anbaggern und sich von Fremden anbaggern lassen, sich beim Leben, beim Scheißen, beim Sex zuschauen lassen.

Wenn man das Fernsehen nur so sieht, ist es kein guter Ort, und nicht nur ein Ort der Idioten, sondern ein böser Ort; voller Gewalt und Tod und brutalen Comics und frauenverachtendem Sex. Wenn man das Fernsehen nur so sieht, ist die Frage, ob es für die Mimis nicht besser wäre, sie würden abseits und in Unkenntnis dieses Ortes aufwachsen, leicht beantwortet: ja, ja, noch mal ja. Allerdings: Wenn man dieses Szenario konsequent weiterdenkt, würde es bedeuten, dass in der heutigen Welt die Kaspar Hausers die einzigen mental gesunden Menschen sind. Das kann ja auch nicht die Lösung sein.

Juergen Tellers Zipfel

Die Kinder sind für ein paar Tage bei Oma, es ist Samstagnachmittag, der Lange und ich tun, was zu tun ist, sitzen also vor dem Prinz Ferdinand unter Bäumen, bei Schnitzerl, Bier und Weißwein. Da schickt uns ein glücklicher Zufall die Hanni vorbei, sie hat ihren Gatten an der Hand und ihre 84-jährige Oma am Arm, und während der Gatte die Oma am Tisch verstaut, schaut Hanni fix mal rüber zu uns. Ich sag, schad, dass deine Dachterrassenparty nicht dieses Wochenende ist, sondern vor zwei Wochen war, wo wir leider noch mit den Kindern im Waldviertel durch den Regen getigert sind. Hanni sagt, ja, da hast du was versäumt, lustig wars, alle waren da und die Mizzi natürlich auch, und gegen zwei Uhr früh hat mein Mann seinen, das sagt Hanni wörtlich, Schniedel aus der Hose geholt, damit Mizzi mal sehen kann. Jetzt, wo du fragst, sagt Hanni, weiß ich auch nicht mehr, warum eigentlich.

Hanni sagt also Schniedel. Während ich vergangenen Sonntag an der Alten Donau von einem Mimi mit der Frage „Ist daaaas???“ überrascht wurde; das Mimi deutete dabei auf Sedlaceks Penis, der ein paar Sekunden lang über Sedlaceks Unterhosen baumelte, die Sedlacek gerade über die Knie zog. Sedlacek war in einem Anfall von Orientierungslosigkeit mit uns zum Baden gekommen, was er wohl so bald nicht mehr tut, denn eins der Mimis – ich muss mit dem Kind ein ernstes Wort reden – verliebte sich bei dieser Gelegenheit offensichtlich in ihn; ließ Sedlacek nicht mehr los, ging nicht mehr von ihm runter und verfiel in Gekreische, als Sedlacek Anstalten machte, zu entschwimmen. Als das Mimi dann besagte Frage stellte, war ich, ehrlich gesagt, etwas überfordert und sagte, das ist Sedlaceks Zipfel, und Sedlacek grinste und sagte, so sagt man jetzt also, bis jetzt hieß es doch immer Schwanz.

Ich sagte, ich bin etwas überfordert, muss das Kind gerade jetzt nach etwas fragen, was es zu Hause jeden Tag sieht und was es gestern im Dutzend in der Juergen-Teller-Ausstellung gesehen hat, wo sich die Frage also außerordentlich aufdrängte, aber die Mimis interessierten sich nur für das Bild, auf dem Tellers Mutter hinter dem offenen Maul eines ausgestopften Alligators posierte. Das Goggodil beunruhigte die Mimis, und ich konnte ihnen nur mit Mühe einreden, dass die Frau da kein großes Aua, gar kein Aua hat. Tellers Schwanz, den er auf den Fotos in dieser Ausstellung („Ich bin vierzig") ausführlich präsentiert, war ihnen radikal egal. Bis anderntags.

Wie sagt man also? Und was sollen die Mimis, 27 Monate, überhaupt schon über Sex und die dafür benötigten Teile wissen? Wieder: das Problem mit dem Fernsehen. Als ich klein war, gabs ein TV-Gerät nur unten bei Oma, und auf den beiden Sendern, die dort zu empfangen waren, konnte sich ein Kleinkind nur bedingt erschrecken. Wie alt war ich, als ich zum ersten Mal wen kopulieren sah? 13 oder 14 oder noch älter, war wohl irgendein Hefterl bei einem Schulkollegen, der das auf komplizierte Weise in seinen Besitz gebracht hatte. Heute sieht man das schon zum Frühstück gratis auf Viva und MTV. Und ich glaub nicht, dass mir das gefällt.

Mutter macht sich locker

An manchen Tagen sitz ich um halb zehn im Büro, hab davor mit den Kindern im Bett Bücher angeschaut, war eine halbe Stunde laufen, hab den Kindern Marmeladebrote geschmiert und sie ihnen dann aus den Haaren gewischt, hab sie angezogen, hab mich geduscht, hab mir die Haare gewaschen, die Kinder zum Abschied geküsst, hab die Blumen auf dem Balkon gegossen, hab mich hübsch gemacht und auf dem Weg ins Büro auf der Post was erledigt. Heute ist nicht so ein Tag. Heute hab ich um zwanzig nach acht mit feuchten, zerzausten Haaren die jammernden Kinder Richtung Kindergarten gezerrt, nein, du hast schon zwei Kastanien, lass die liegen, niiiicht DIIIIIE!!!, da hat ja schon ein Hund draufgekackt!!!, komm! jetzt! weiter!!! Schon von der Früh weg war alles verloren; der eine Zwilling rannte unmittelbar nach dem Aufstehen erstmal eine Viertelstunde wie ein Derwisch durch die Wohnung, im Alarmstufe Rot-Sirenenton, weil der Igelbezug des Lieblingspolsters widerrechtlich gewaschen und durch einen Karobezug ersetzt worden war. Der andere Zwilling weinte bitterlich, alle Lieblingspixibücher irgendwo verschwunden, vermutlich von einem Tiger gefressen, wo ist «Morgen früh um sechs kommt die kleine Hex»?, wie soll ein sensibles Kind den Tag ohne die kleine Hex anfangen?

Solche Tage sind strukturell im Arsch. Verlässlich merkt man im Büro, dass man die ganz und gar unpassenden Schuhe trägt, was auch mich, wie das Anke Engelke mal präzise auf den Punkt gebracht hat, total verunsichert, da gelingt auch das übliche Lockermachen bei geistiger Beschäftigung nicht, da alles Mentale von den falschen Schuhen irreparabel kontaminiert ist. Was daher kommt, dass Kleinkindmüttern in der Früh das Frauenrecht auf vier- bis fünfmaliges Umziehen verwehrt ist. Also Selbstzerfleischung bis halb vier. Im Kindergarten wird sich mindestens ein Kind schreiend auf dem Boden wälzen, weil es nicht in seinen Tigerli-Patschen nach Hause gehen darf, sondern die absolut unzumutbaren Gummistiefel anziehen muss, was meine Nerven in hauchdünne Fädchen verzaubert. Weshalb ich das pädagogisch wertvolle Programm (kommentiertes Einkaufen ohne Smarties und Zuckersaft) durch das pädagogisch fragwürdige Einkaufen (mit Smarties, Zuckersaft, Fitzers und Chips) ersetze, auf dem Spielplatz ein bisschen vertrockne und zu Hause das lustige Liederbuch von vorne bis hinten durchsinge (86 Lieder, kein Witz), 11 Mal «Mein Esel Benjamin» vorlese und 23 Mal die vom Tiger glücklicherweise ausgespuckte kleine Hex.

Genau: Vorbildmutter von vier bis halb acht, und als ich dann zur Belohnung die Nachrichten sehen möchte, werden die in zusammenhanglose Halbsätze zerbrabbelt, und als ich sage, Kind, süßes, Kind, bitte ein kleines bisschen Ruhe, bittebitte, da sagt das brave Kind ja, Mama, gut, gut, bissi Ruuuhe!! Leider sagt sie es dann 600 Mal in Alarmstufe Rot-Lautstärke. Aber morgen gibt's ja neue Nachrichten. Und morgen geh ich wieder laufen. Ja. Sicher.

Watschenpappen

Stellen Sie sich eine erwachsene Frau vor, die vor einem Gitterrost kniet und mit einer Pommes-frites-Zange vorsichtig ein Schoggipapierli aus einem Spinnennetz zupft, in dem es gottlob hängen geblieben ist. Diese Frau bin ich, und wenn mir das Schoggipapierli jetzt aus der Zange in das schwarze Nichts unter diesem Gitter fällt, hört das Trotz-Mimi nie wieder zu heulen auf.

Es ist für Menschen ohne Kleinkind schwer vorstellbar, was man alles unternimmt, um ein Zweijähriges glücklich zu machen, denn wenn das Zweijährige unglücklich ist, sind es die Eltern auch, und die Ohren tun ihnen dabei weh. Denn das Kind ist in der Wahl der Mittel, mit denen es sein Unglück mitteilt, nicht zimperlich – und das Unglück kann zahllose, unvorhersehbare Gründe haben: Man benutzt den falschen Lappen, um dem Kind das Gesicht zu wischen; man legt die Plüschviecher nicht in der vorgeschriebenen Reihenfolge ins Gitterbett; ein silbriges Schoggipapierli, das das Kind, ein ordentliches Kind, gerade in den Papierkorb werfen wollte, fällt daneben durch einen Gitterrost. Oje.

Sonst ist das Kind, wie auch das andere Kind, fröhlich, aufgeweckt und spricht, wie ich das von meinem Nachwuchs erwarte, in gewählten Sätzen, darin sich Begriffe wie «Pommes-frites-Zange», «Schokopapier» und «Penis» finden. Zur Verwendung des Letzteren riet Leser Thomas M. nach der „Schniedelzipfelschwanz“-Kolumne, er meinte, die Wahrheit, also das Wort «Penis», sei einer Zweijährigen zumutbar, und da hat er eigentlich Recht. Ein weiterer Leser, zufälligerweise ebenfalls mit Namen Thomas M., kündigte anlässlich besagter Kolumne sein Abo: «Primitivere Artikel gibt es wohl nicht mehr.»

Diese Meinung sei ihm selbstverständlich unbenommen, dennoch bin ich stets aufs Neue überrascht, wie unterschiedlich die Menschen in Rage geraten: Da unterscheiden sich Erwachsene oft kaum von Zweijährigen; auch nicht in der Unverhältnismäßigkeit ihrer Gründe. Zum Beispiel habe ich an einem Abend Michael Moores «Fahrenheit 9/11» gesehen und am darauffolgenden eine Fernsehdiskussion über die Rechtschreibreform. Im Verlauf der Debattenbeobachtung wandelte ich mich zur entschiedenen Verfechterin der Beibehaltung der neuen Rechtschreibung, unter anderem, weil der Chefredakteur von «Bild am Sonntag» entschieden für die Wiedereinführung der alten eintrat. Er tat das mit Argumenten, deren bildungsbürgerlicher Impetus mit dem intellektuellen Anspruch seines Blattes nur mäßig korrespondiert, und mit einem Ausdruck gelangweilter Arroganz in seinem arttypischen Jungmanager-Gesicht, wo ich sagen muss, da packt mich spontane Gewaltbereitschaft. Zu meiner Überraschung kennt der Synonym-Duden übrigens das Wort «Watschenpappen». Das finde ich gut.

Präsidenten oder Pullover

Auf dem Lande sitze ich also, erzähl ich Mizzi, den ganzen Tag auf der Terrasse meiner Eltern, während die Mimis mit Fahrzeugen die Einfahrt rauf- und runterrollern, für die sie, aber sag ihnen das mal, viel zu klein sind, woraus ein massiver Tröstaufwand entsteht, der eine anspruchsvolle Lektüre unmöglich macht. Also blättere ich so in diesem französischen Versandhauskatalog herum, den eine Freundin meiner Schwestern mir überlassen hat, gute Sachen drin, übrigens, sag ich. Wie ich da so blättere, fallen mir bei einigen Pullis, Hosen und Kleidern so Sternchen auf, die jemand mit einem Marker da hingemalt hat.

Dann bemerke ich, dass einige dieser Sternchen mit einm Kugelschreiber-Hakerl markiert sind. Und zwar weil?, sagt Mizzi, genau, sag ich, das hab ich mir auch gedacht, und dann ist mir klar geworden, dass die Freundin die Sternchen neben die Sachen malt, die ihr gefallen, dann gibt sie den Katalog ihrem Mann, und der genehmigt dann die Sachen, in denen er seine Frau sehen will. Und nur die bestellt sie dann. Damit du das nicht missverstehst, Mizzi, sag ich, diesen Partizipationsanspruch am Geschmack seiner Frau verdient er sich nicht dadurch, dass er die Sachen bezahlt, nein, er genehmigt nur, bezahlen tut sie selber, mit dem bisschen Geld, das sie sich am Abend, wenn die Kinder schlafen, mit Computerheimarbeit verdient. Da wollte ich in die Stadt zurück, heim in meinen weltfremden, überkritischen, emanzipationsversauten Vollzeitneurotiker-Freundeskreis, und zwar dalli. Gut, dass du wieder da bist, sagt Mizzi. Du sagst es, sag ich.

Das devote Verhältnis, das viele Provinzfrauen zu ihren Männern pflegen, erinnert mich ein wenig an das Verhältnis zwischen den Amerikanern und ihrem derzeitigen Präsidenten:

Sie wissen, dass es für sie und ihre Autonomie beziehungsweise ihr Land und ihre Zukunft verheerend ist, sich dem Urteil dieses Mannes zu unterwerfen, tun es aber dennoch. Michael Moore findet dafür in «Fahrenheit 9/11» überzeugende Bilder, die ihm selbstverständlich den Propagandavorwurf einbringen. Was zwei Fragen aufwirft: Erstens, was ist so übel an Propaganda? Es gilt, was wir bei Niklas Luhmann über «Die Realität der Massenmedien» gelernt haben, auch für Moore, nämlich dass wir alles, was uns die Massenmedien als wahr verkaufen, einer kritischen Nachschau unterziehen müssen: Das gilt für Präsidentenreden im Fernsehen und für Präsidentenreden, die für einen Kinofilm zurechtgeschnitten wurden. Das schärft die Sinne.

Zweitens: Würde der Film auch unter Propagandaverdacht geraten, wenn er nicht so erfolgreich wäre? Denn die Repolitisierung der Kultur ist doch mit Applaus zu begrüßen. Jahrelang wurde die hirnerweichende Oberflächlichkeit alles Gesungenen und im Fernsehen Gezeigten bejammert – seit George W. Bush merken Künstler wie Eminem, Moby oder Bruce Springsteen mit seiner «Vote for Change»-Initiative wieder, dass sie ein politisches Gewissen und eine abweichende Meinung haben, für die sie einstehen müssen. Und mal wieder bekannt machen, dass übrigens jeder eine Wahl hat; bei Präsidenten und Pullovern.

Brutal wie Bern

Alle Zürcher erzählen mir immer, wie nett und gemütlich Bern übrigens sei. Beziehungsweise sagen die Zürcher: Bern ist übrigens total nett und gemütlich, und ich möchte lieber erschlagen werden, als dort leben zu müssen. Das finde ich überaus ungerecht, denn ich habe dieses ominöse Bern jetzt endlich mal aufgesucht, und nach etwa zwei Stunden mussten mein Bier, meine Begleitung und ich in ein Gebäudeinneres, respektive ins Café Kairo, flüchten, weil vermummte Jugendliche und Sicherheitskräfte die Straße und Tränengas die Atemluft unbenutzbar machten. Ein gefährliches Pflaster, dieses Bern. Alle sagen: Bern, Altersheim, ich kann jetzt sagen: Blödsinn. Ich war dort.

Im Nachtzug zurück dann folgerichtig randalierende Jugendliche, die Sitze aus ihren Verankerungen rissen, soffen und kifften, ich war richtig froh, als ich zurück im sicheren, langweiligen Zürich war. Dort traf ich in der Talackerbar, was Sie jetzt etwas überraschen wird, einen leicht zugedröhnten Sedlacek sowie, was mich etwas überraschte, hundert junge Aargauer mit Gelfrisuren und hundert junge Aargauerinnen mit Hüfthosen und Arschgeweihen. Ich schwöre, Sedlacek, sagte ich, hier treten sich normalerweise die Kreativen auf die Zehen. Aber es war schon zu spät, um noch etwas Erwachseneres für uns zu finden, also tranken wir zwei Bier, und Sedlacek, der wegen irgendeines Termins in der Stadt war, erzählte mir Sachen über seine Beziehung zur haarigen Dame, also Sachen … Mit der wars ja aus gewesen und Sedlacek zwei, drei Monate lang überraschend deprimiert, dann traf er die Haarige bei einer Parfümpräsentation wieder, und nun: So gewaltig ist die Brandung der Liebe, dass sie weit über die Gegenwart hinausschwappt, ja, ihre Ausläufer lecken immer frecher in das weite Land gemeinsamer Zukunft hinein. Und prompt die Kinderfrage. Da sitzt Sedlacek nun in der Talacker und sinniert: Wäre das gut? Wäre mein Leben erfüllter, wenn ich auch Mimis hätte? Und was wird dann aus dem Porsche? Den Porsche kannst du behalten, Sedlacek, sag ich, in unserem Kindergarten wird einer der vier Valentins täglich von seinem Vater in so einem Ding gebracht. Sag nicht Ding, sagt Sedlacek.

In Zürich bin ich natürlich ohne die Mimis, und, das mag jetzt herzlos klingen: Ich vermisse sie so wenig wie sie mich. Ich ruf daheim an, eins nimmt den Hörer ab und ruft begeistert: Hallo Mama!, und ich ruf gerührt: Hallo Mausi, was machst du?, und Mausi sagt: Kakao trinken und Turm bauen mit Oma!, und ich sage: Gehts euch gut?, und das Kind sagt: Kein Zeit mehr! Züss!, und legt den Hörer auf. Ehrlich gesagt, kränkt mich das nicht. Den Mimis gehts gut, weil Oma endlich mal da ist und sich den ganzen Tag um sie kümmert, Oma gehts gut, weil sie ein paar Tage die Mimis ganz für sich hat, und dem Langen gehts gut, weil er jeden Abend mit den Spezis ausgehen und in welchem Zustand auch immer heimkommen kann.

Und mir gehts erst gut … Zürich ist die Stadt, in der meine Kinder unsichtbar sind. Die meisten meiner Zürcher Freunde kennen die Mimis nicht, was ich völlig in Ordnung finde. Haemmerli etwa hat sie erst einmal gesehen, und ich nehm ihm nicht übel, dass er keinerlei Verlangen danach zeigt, ihre nähere Bekanntschaft zu machen: Ich will gar nicht, dass Haemmerli ein Mimi-Onkel wird; er hat dazu kein Talent. Ich zeig Haemmerli ein Foto von den Mimis, Haemmerli sagt, herzig, dann reden wir über Erwachsenenkram, wer macht grad was, wer mit wem, und was wurde eigentlich aus. Und das ermöglicht es mir, ein feines Doppelleben zu führen, denn paradoxerweise gilt nun ausgerechnet in Zürich mein altes Wiener Motto: Einer geht immer noch. Denn mit das Beste hier: Man kann in diesem verschlafenen Kaff bis mittags schlafen. Zum Glück ist Zürich nicht so wild und brutal wie Bern.

Sei mein Meister

Nach vier Tagen und vier Nächten in Zürich kann man mich dann trotzdem vom Boden aufsammeln. Wie habe ich früher mein Leben überlebt? War ich, als ich jünger war, wirklich so viel jünger? Wie alt bin ich denn schon? Ich bin halbdrei Jahre, pflegt das blonde Mimi zu sagen, Mimi ist auch halbdrei Jahre, Mama ist achundeißig Jahre, Papa ist alt. Braves Kind. Allerdings kann ich den Unterschied zwischen achundeißig und alt bald nicht mehr ausmachen, besonders nach vier Tagen Schweiz, in denen mir umgehend wie früher ein Trinkbehältnis aus der Hand wuchs und ich mit den unbequemsten Schuhen, die in Wien aufzutreiben waren, durch Zürich zitterte, um mit dem rufschädigenden Gerücht aufzuräumen, ich trüge manchmal flache Schuhe.

Der Kopf schmerzte mich, zurück in Wien, jedenfalls entschieden stärker als die Füße, und daran war keineswegs der wie immer tadellose Rotwein schuld, den Madame Carmen, Haemmerlis Liebste, zu einem wie immer ausgezeichneten Mahl servierte. Sondern jene in Zürich konsumierte Gesamtmenge von Prozentigem, proportional zum Ausmaß von verpasstem Schlaf. Carmen hat schon lang mein Herz gewonnen, mit Liebreiz, Charme und dem Umstand, dass bei ihr verlässlich immer der Champagner kalt ist und sie zu jeder Tageszeit bereit ist, ihn zu entkorken und mit mir zu teilen. I'm loving it. Wie jede berufstätige Mutter bin ich mit derartigen Benefizien und bisschen kinderfreier Zeit einfach zu korrumpieren.

An meinem vierten Abend in Zürich, als Carmen mit Haemmerli, den ich mir an solchem Ort nicht übertrieben gut vorstellen kann, aufs Land gereist war, saß ich mit den Herren Eichinger und Noever sowie mit Fräulein Lucy Mc Evil in der Kronenhalle und hatte einen hervorragenden Plausch. Gegen

Mitternacht stieß Sedlacek, der noch immer in Zürich weilte, von seinem Abendtermin zu uns, um sich zum Ausklang des Tages noch ein wenig schlecht zu benehmen und dann festzustellen, dass Peter Noever, der in Wien Direktor des Museums für angewandte Kunst ist, bei angemessener Provokation durch das Personal durchaus in der Lage ist, sich noch schlechter zu benehmen.

Haben Sie schon mal einen Mann dabei erlebt, wie er seinen Meister fand? Ich sah es dreimal: 1) Im alten Flex, als es noch ein Punk-Club war und der Rausschmeißer Madley, ein sehr netter und bei Bedarf gewaltbereiter Rockabillypunk, auf einen unsere übliche Ruhestörung beamtshandelnden Polizisten traf, der hübsch größer war und in dessen Augen Madley offenbar las, dass sie das gleiche Hobby hatten: hauen. Madley strahlte, als er auf den Polizisten zumarschierte. Wir mussten ihn zu sechst zurückhalten. 2) Mit dem Langen beim Motörhead-Konzert. 3) In der Kronenhalle, als Sedlacek Zeuge wurde, wie Peter Noever seine Faust auf den Tisch knallen ließ und so laut brüllte, dass Alfred Biolek am Nebentisch schockiert herüberblicken musste. Sedlacek dagegen glimmte vor Glück. Er hat jetzt einen Bruder. Ich aber war am nächsten Tag noch älter.

Die Nacht, in der John Kerry Präsident wurde

Auf dem Zürcher Flughafen gibt es neu einen Laden, den ich sehr begrüße, weil er speziell für mich, den Elternteil auf Dienstreise, eingerichtet wurde. Der Kapitalismus hat auch seine guten Seiten. Denn der dienstreisende Elternteil hat für gewöhnlich keine Zeit, in der dienstbereisten Stadt einen Spielzeugladen zu suchen und dort aus der Masse ein angemessenes Mitbringsel für den Nachwuchs zu finden: ein kleines Geschenk, das nicht zu teuer ist – denn teuer würde nach schlechtem Gewissen aussehen, und ein schlechtes Gewissen kann sich ein arbeitender Elternteil in der globalisierten Geschäftswelt gar nicht leisten. Das Geschenk soll nur die Freude des Elternteils darüber ausdrücken, dass er den Nachwuchs wieder um sich hat, soll zeigen, dass der Elternteil den Nachwuchs, wenn auch ohne schlechtes Gewissen, ein wenig vermisst hat. In dem Laden erstand ich zwei Plastikröhren mit Plastiktieren aus den Themenbereichen «Afrika» und «Bauernhof». Das kam bei den Mimis zu meiner Befriedigung sehr gut an, außer dass das brünette Mimi fragte, wo denn die weiteren Geschenke seien. Aber so schlecht war mein schlechtes Gewissen über meine kurze Abwesenheit nun tatsächlich nicht, denn ich hatte in Zürich zu arbeiten, musste ins Sawasdee essen gehen und hernach in die Haiti-Bar trinken.

Das Sawasdee verträgt sich nicht hundertprozentig mit meinen feministischen Prinzipien, weil die Damen dort sich ihr Geld nicht nur damit verdienen, dass sie mir ausgezeichnetes Essen und Singha-Bier bringen, sondern auch, indem sie sich auf einer kleinen Bühne ausziehen, während ich mit Haemmerli, Carmen, Rosi, Kathi und weiteren Herrschaften, die nicht unbedingt im Sawasdee ertappt werden wollen, hurenscharfe Vorspeisen verspeise und Kathi mich fragt, ob man eigentlich so scharf essen dürfe, wenn man schwanger sei, aber ich kann mich nicht erinnern.

In der Haiti-Bar tranken wir Gin Tonics und Bier zu karibischer Musik, schön laut, behielten den Fernseher über der Bar im Auge und stießen wiederholt darauf an, dass wir die Nacht, in der John Kerry US-Präsident wird, gerade in der Haiti-Bar verbringen, wo alle für Kerry waren, bis auf eine Dame mit imposanter Frisur und ebensolchem Hüftschwung. Haemmerli war nicht mehr mit, aber Rosi, Carmen und ein Mann, der mich anderntags anrief und meinte, er wolle nicht unbedingt in meiner Kolumne ertappt werden, was ich ihm nicht übel nehme; auch wenn dieser Mann nicht nur sehr lebensfroh ist, sondern auch von allerfeinsten Manieren. Rosi wiederum wurde von einem eleganten Herrn in Anzug und Krawatte zum Tanzen aufgefordert, und sie tanzte auch, war aber ein wenig traurig, denn es war das erste Mal, dass sie in der Haiti-Bar angebaggert wurde, und das war doch gerade fein an der Haiti-Bar, dass dort verlässlich nicht gebaggert wird. Der Herr baggerte aber so charmant und tanzte so gut, dass Rosi vermutlich bereit ist, den Ausrutscher, so er denn einmalig bleibt, zu verzeihen. Die Nacht war insgesamt herrlich; nur leider dann doch nicht die Nacht, in der John Kerry Präsident wurde.

Desto vorbeier

Jetzt schauen wir am liebsten «Papa Löwe und seine glücklichen Kinder»: die Mimis, weil die glücklichen Löwe-Kinder viel lehrreichen Unsinn machen; ich, weil in dieser Janosch-Serie Mama Löwe praktisch nicht vorkommt. Mama Löwe muss nämlich die ganze Zeit in ihrem Büro wichtig arbeiten und ruft höchstens hin und wieder an, um Papa Löwe daran zu erinnern, dass er ihr rotes Kleid aus der Reinigung holen muss. Während mein armes Büro gerade verwaist: Das blonde Mimi hat Scharlach und wurde vor einer Woche gemeinsam mit dem anderen, gesunden Mimi in Quarantäne verfügt. Und anstatt in der Abgeschiedenheit von Umwelt und Kindergarten zügig und elternschonend zu heilen, baute das blonde Mimi trotz Antibiotika den Scharlach aus, und das brünette kriegte, ich weiß nicht wie, eine Mittelohrentzündung. Ich hab fast geheult, als mir die Kinderärztin die Diagnose «mindestens eine weitere Woche kein Kindergarten» überbrachte, und zwar nicht aus Mitgefühl mit dem Nachwuchs.

Den Mimis steckt man nämlich bei Fieber über 38,6 ein Zäpfchen in den Popo, und keine halbe Stunde später rückverwandeln sie das, was ich unter Ausnutzung eines kurzen Fieberschlafs schnell mal in eine Art von äh Wohnung verwandelt habe, wieder in das, was die Mimis unter einer mimigerechten Umgebung verstehen. Unsere Wohnsituation reiht sich harmonisch in jene sich häufenden Anlässe, bei denen der Lange zu sagen pflegt: Mein Leben ist sowieso vorbei. Ich darf ergänzen: je kränker die Mimis, desto vorbeier. Wobei «krank» dank dieser Fieberzäpfchen eben eine relative Angelegenheit wird. Und es ist, ich sags ehrlich, für jenen Erziehungsbeauftragten, der unter Hängen und Würgen seine Arbeit im Stich gelassen hat, extrem demoralisierend, wenn die siechen, pflegebedürftigen Angehörigen mit 35 Stundenkilometern durchs Wohnzimmer rasen. Krakelend, selbstverständlich. Ich will eine Kakao! Ich will Lukolade! Wo ist mein Baumeister? Wo ist mein Mororradfahrer? Ich will singen! Das ist MEIN Igelpolster! MAAAAAAINS! Geh weg! Ich will ein kleines. (Ein kleines was?) Ich will ein kleines! (Kind, was kleines?) EIN KLEINES! GIB! MIR! EIN! KLEINES! Du gehst auf das Nerven mir!

Der Gerechtigkeit halber muss ich sagen: Von den bislang sieben Quarantänetagen blieb der Lange vier daheim; ich war schon nach dreien total gerädert. Dann war erneut Wochenende, und ich sag Ihnen was, so ein Wochenende wird, wenn man schon wieder nicht raus kann, eine Quälerei, die unseren eh schon labilen Familienfrieden zusätzlich belastet. Ich hatte keine Ahnung, wie sehr wir auf das Nerven uns gehen können, wenn man uns ein paar Tage zusammensperrt, und das gilt wirklich für jedes einzelne Familienmitglied. Zum Glück gibts Fernsehen und Süßigkeiten, sonst hätte ich den kleinen Richard Ford-Artikel in der «Zeit» bis heute nicht fertig gelesen. Sondern die Kinder verprügelt und die Wohnung verlassen, oder so was. Und zum Glück gibts Oma, und ab morgen hat sie wieder Zeit und kommt und rettet uns.

The Nature of my Game

Kürzlich hab ich erzählt, wie Sedlacek und die haarige Dame ihre Liebe reanimierten: Es war ein heftiges, ein leidenschaftliches und ein finales Wiederaufflackern. Es zeigte sich, dass der zuerst nur fakultativ geäußerte Kinderwunsch, den die haarige Dame altersbedingt in sich trug, bald in rasch sich erhöhender Frequenz an Sedlacek herangetragen wurde. Sagen wir so: Am Montag ist Sedlacek überflutet vor Rührung, dass Menschen, Frauen gar, existieren, die in ihm eine Anlage zu verantwortlichem Handeln vermuten. Am Dienstag erfüllt ihn ein feuriger Enthusiasmus gegenüber jener Person, die sich ihn, ausgerechnet ihn, als Vater ihrer Kinder vorzustellen vermag. Am Mittwoch fühlt er sich etwas erschöpft. Am Donnerstag sehr. Am Freitag macht er in seinem Leben etwas Platz für eine blonde 22-jährige Stewardess, über deren Vorzüge er mir bereits am Samstag en détail berichten konnte.

Sedlacek, hör auf, du bist so eine Sau, sag ich. Jaaaaaa, sagt Sedlacek. Die arme Haarige, sag ich. Sedlacek sagt, dass es ihm wegen der haarigen Dame schon leid tut, aber dass sie am Ende, seien wir uns ehrlich, ohne ihn doch besser dran sei. Und ich muss ehrlich sagen, das stimmt. Denn wenn man sich die gerade noch glücklich abgewendete Zukunft mal unkorrigiert vorstellt: Die haarige Dame schiebt frustriert den kleinen Sedlacek durch die Gegend, während der große Sedlacek Gleiches mit blonden Stewardessen und rothaarigen Kellnerinnen macht. Es wäre für alle Beteiligten nicht besonders erfreulich. Auf den Punkt gebracht: Sedlacek ist kein Vater. Und, ehrlich: Es muss in dieser Welt auch Männer geben, die keine Väter sind und keine Väter sein wollen. Es braucht auch extrem unvätrige Männer.

Sedlaceks in roten Porsches eben, mit fragwürdigem Geschmack, schlechten Manieren und verantwortungslosem und verschwenderischem Umgang mit Zeit, Geld, Zuneigung, legalen und illegalen Substanzen, Nachtstunden, Morgenstunden, Reputation … So wenig es mich erfreut, mir Details über Gelenkigkeit und andere Talente von 22-jährigen Mädchen anzuhören, so sehr genieße ich, dass Sedlacek wieder ganz der Alte ist. Rund um mich herum schwellen, wie ich dankbar konstatiere, die Bäuche, werden die Vor- und Nachteile verschiedener Geburtskliniken verhandelt, werden Kinderwagen- und Arbeitszeitmodelle verglichen, wird bei gebärmutterschonender Musik übers Stillen ja oder nein debattiert und wann so ein Kind eigentlich ins Bett muss: Das erfreut mich, denn endlich wird mein mimifokussiertes Dasein auch innerhalb meines Freundeskreises zur Standardexistenz. Praktisch alle meine Freunde haben jetzt Kinder oder kriegen gleich welche.

Aber: Ich brauche auch dringend ein bisschen Gegenprogramm; Sedlacek, viel Sedlacek. Und Sedlacek tut, was er kann, fährt mich in seinem blöden Porsche durch Wien und dreht «Sympathy for the devil» so laut auf, dass er meine Frage nicht hören muss, ob er sicher ist, dass diese Kurve und diese Beschleunigung sich wirklich so gut vertragen. Zweihundertfünfzig PS!!!!, brüllt Sedlacek, It‘s the natur of my game!!!!, brüllt Jagger, und ich brüll uhuuuuu.

So genau wollen wir es gar nicht wissen

Die Mimis bekamen zu Weihnachten ihre ersten Roller; noch bessere Werkzeuge zur noch effizienteren Verwüstung unserer Wohnung. Sedlacek bekam zu Silvester eine Abfuhr von wem Blonden. Ich bekam letzte Woche auf einem Foto ein adrettes Landadeligen-Image verpasst, und Haemmerli bekam seine Chance zur Häme. Ist das dein Salon, in dem du da posierst?, smste Haemmerli aus Indien, wo er weitab von der schrecklichen Flut die Medien im Internet studierte. Darling, das ist die Zürcher Hummerbar, smste ich, warum waren wir da eigentlich noch nie? Eine Frage, die Haemmerli in gerechter Zerknirschung nicht beantworten konnte.

Und, ach ja, die Fischers in Innsbruck bekamen ihr Baby, worauf der Lange und ich den üblichen freudetrunkenen Anruf von Toni Fischer bekamen; Mutter und Kind wohlauf, alles super. Dann bekam ich drei Fotos in meine Mailbox, die einen zerknitterten Säugling und weit mehr von Sissi Fischers Brüsten zeigten, als ich über Sissi Fischers Brüste wissen möchte. Der Lange hat überhaupt gleich gebrüllt, weg! das! Fo!to!, und warum eigentlich die Leute, wenn es ums Gebären geht, so überhaupt keinen Genierer haben! Kreuzsakrament!

Eine Geburt macht die davon betroffenen Menschen fast immer zu zeigefreudig und ganz ungeniert, was physiologische Vorgänge und die dafür benötigten Körperteile angeht. Handstreichartig nimmt die Natur die Zivilisiertheit in Geiselhaft. Lotte etwa, auch in Erwartung, hat von sich selbst die Vorstellung einer fitten, federnden Sportschwangeren. Ihr Bauch hat diese Vorstellung nicht, und nachdem sie alles Mögliche zu seiner Überlistung unternahm, wurde sie in der 21. Woche mit Blaulicht ins Krankenhaus gefahren. Nun liegt sie mit ihrem Telefon auf ihrer Couch und informiert unterschiedslos jeden über die aktuelle Beschaffenheit ihres Gebärmutterhalses, wie vertrichtert, wie lang, wie labil. Ich, als Freundin und Ex-Schwangere, kann damit umgehen, gebe Lotte aber zu bedenken, dass ihr Friseur, ihr Getränkelieferant und ihr Opa möglicherweise etwas überfordert sind. «Wiesssso?!?», bellt Lotte in ihr Telefon, denn sie ist momentan ganz unfähig, sich vorzustellen, dass die Physik ihrer inneren Teile nur ihr ein zentrales Ereignis sein könnte, dem Fahradkurier aber nicht. «Weil», sage ich, entwende dann aber einem Mimi seinen Schnuller und werfe ihn quer durchs Zimmer, und das empörte Geschrei verschafft mir die Möglichkeit, das Gespräch spontan abzubrechen: Dieses Argument verschiebe ich lieber um zirka zehn Monate. Dann wird Lotte abgestillt und hoffentlich zu ihrer üblichen Dezenz zurückgefunden haben.

Die Fischers und Lotte können nichts für ihren Zeigezwang, das hat die Natur so eingerichtet. Zum Glück geht dieser Exhibitionismus wieder vorbei. Bis zum Abstillen ihrer Brut findet eine junge Mutter nichts dabei, ihre Brüste in der Öffentlichkeit aus der Bluse zu reißen, aber bitten Sie doch dieselbe Frau drei Wochen danach, in einem Café ihre Brüste zu zeigen. Sie wird Ihnen völlig zu Recht eine scheuern; auch das hat die Natur so vorgesehen. Welcome back, Zivilisiertheit. Du wunderbare Tugend.

Absolut keine Ahnung vom Fliegen

Lotte ist übrigens der Meinung, dass sich ihre Schwangerschaft mit meiner nicht vergleichen lasse. Alle Schwangeren sind arrogante Besserwisserinnen, die Autorin nicht ausgenommen, aber im Unterschied zu Lotte konnte ich wenigstens auf einen Dopplereffekt verweisen. Lotte ist ganz normal mit einem Fötus männlichen Geschlechts trächtig, allerdings zusatzkrankenversichert. Und eine zusatzversicherte Lotte verhält sich zu einer holzklasseversicherten Ex-Schwangeren wie eine First-Class-Reisende zu einer Economy-Touristin.

Lotte, die weiß, was sich gehört, unterdrückt zwar fest ihr Mitleid für derart bedauernswerte Unterprivilegiertheit, aber es ist nun mal, wie es ist: Wer noch nie First Class geflogen ist, hat naturgemäß keine Ahnung vom Fliegen. Das schlucke ich mit äußerster Tapferkeit.

Ums Leben nicht tät ich mich zusatzversichern lassen, sagt die Mutter vom kleinen Horvath später an unserem Küchentisch, als die beiden Familienverbände gerade faschierte Laberl mit Pürree vertilgen. Das sagt die Horvath-Mutter nicht, weil sie geizig oder neidig, sondern weil sie Ärztin ist. So viel Zeit, mich ins Krankenhaus zu legen und wegen nix operieren zu lassen, hab ich einfach nicht, sagt Mutter Horvath, und genau das machen sie mit dir, wenn du eine Zusatzversicherung hast, weil bei dir lohnt es sich. Aha. So muss man das also sehen.

Aber Lotte sagt halt, wenn sie zu den Routineuntersuchungen im Krankenhaus muss, da wartet sie keine Minute, da verlangt sie nur den Super-Primar, der wird sofort angepiepst und eilt umgehend von wo immer zu Lotte, um persönlich Hand an das Ultraschallgerät zu legen. Und es ist halt schon wahnsinnig beruhigend, sagt Lotte, wenn man von vornherein mit Sicherheit weiß, wer das Kind entbinden wird.

Hier ist es mit meiner Tapferkeit jäh zu Ende, und ich frage Lotte, ob ihr Super-Primar eigentlich ein Segelboot hat. Jaaa!, sagt Lotte, woher weißt du? Es liegt nämlich zufällig in der Nähe von dem von meinen Eltern. Reine Vermutung, sage ich, wann kommt der Karli gleich noch mal? Die Lotte sagt, er heißt sicher nicht Karli und kommt Ende Mai. Dann würde ich, wenn ich du wäre, unbedingt versuchen, den Karli nicht am Wochenende zu kriegen, sage ich, weil dein Primar dann mit deinen Zusatzprämien in der kroatischen Adria wochenendtörnt. Lotte bleibt völlig unbeeindruckt, es wird nämlich wahrscheinlich sowieso ein Kaiserschnitt, und das kann man, erklärt Lotte, ja einteilen, könnte ich ihr übrigens mal meine Narbe zeigen. Wenn es sein muss; ich knöpfle meine Jeans auf, und Lotte verbirgt ihren Schreck über diese sichtlich unterversicherte Narbe nur nachlässig.

Dann fragt Lotte, wie viele Wochen es von der Operation weg dauern wird, bis sie wieder ausreiten und mountainbiken kann, und ich sag, äh, du wirst ein Baby haben. Lotte sagt, nein, wie lange dauert es, bis ich nach dem Kaiserschnitt wieder reiten und mountainbiken kann, drei, vier Wochen?, und das erzähle ich später am Küchentisch den Horvaths. Und weil alle Eltern, diese hier nicht ausgenommen, arrogante Besserwisser sind, ist unsere Heiterkeit nicht enden wollend.

Wo wir wilden Weiber wohnen

Eh klar taucht der Lange kurz nach fünf auf, linst in die Küche, äugt ins Wohnzimmer. Wo sind sie? Weiß nicht, sag ich, reißen wohl grad irgendwo eine Mauer nieder, schau im Schlafzimmer. Nicht die Kinder, sagt der Lange, deine Freundinnen. Eh klar. Falls ich ihn um diese Zeit unbedingt gern in der Nähe hätte, hat der Lange verlässlich eine Besprechung, also sitzt mit seinen Kollegen beim Apéro. Heute hat er Hausverbot, naturgemäß ist er da. Ich erklär dem Langen, dass er, wenn die Freundinnen um sechs kommen, schon weg sein wird. Jaja, sagt der Lange, er wollte sowieso mal wieder ins Kino. Und wie, sag ich. Schön aufgeräumt hier, sagt der Lange.

Gut, ich bin ein wenig nervös, weil diese speziellen Freundinnen noch nie bei uns waren und die Mimis noch nie gesehen haben, außer Mizzi, aber das ist auch schon wieder ein Jahr her. Denn dieser Teil meines Freundinnenkreises hat ältere oder keine Kinder und trifft sich strikt aushäusig, bevorzugt an Orten, an denen teure, unbequeme Schuhe Sinn machen und wo es extrem unangebracht ist, lauter als gar nicht über Kleinkinderdinge zu sprechen.

Ja, ich hab die Wohnung aufgeräumt, ja, im Ofen schmurgeln ein paar Hühnerteile in einer schicken Sauce, und ja, die Mimis sind in sorgfältig zusammengewürfelte Flohmarktcouture gekleidet, was dem einen Mimi einerlei war und das andere hartnäckig und erfolglos bekämpfte. Normalerweise tragen sie H&M und C&A; das andere akzeptiert überhaupt nur noch Bob der Baumeister- oder Winnie Pu-Sachen, aber heute nicht. Weil. Ich. Es. Sage.

Ja, ich will einen bestimmten Eindruck machen, gelassen, unkomplizert, hipp und bisschen Bobo, und bevor hier ein falscher Eindruck entsteht: Das sind feine Weiber, die ich da erwarte. Tüchtige, gut geerdete Frauen, mit hohen, selbstverständlich zum Scheitern verurteilten Ansprüchen. Hanni zum Beispiel gab beim letzten Treffen strahlend die erste Flasche Rotwein aus, zur Feier des Auszuges ihres 18-jährigen Sohnes: endlich sich nackt durchs Appartement jagen lassen von dem slowenischen Kunstdozenten, den sie vor einem Jahr in zweiter Ehe zum Gemahl nahm. Nach der dritten Flasche gestand sie, dass sie dem Sohn, um den Kontakt auf einer regelmäßigen Basis zu halten, einmal die Woche die Wäsche macht; bügeln und liefern inklusive. Cheers! Die zweite Flasche spendierte Mizzi, sie feierte ein neues (das neunte) Kindermädchen ihrer elfjährigen Tochter, was es ihr ermöglicht, weiterhin rund um die Uhr zu arbeiten und dem längst entflohenen Tochtervater auch künftig sein mittelloses Privatgelehrtendasein zu gewährleisten. Das Kind ist etwas frühreif, spricht aber passabel polnisch. Die dritte Flasche gab Evelyn bezüglich eines Kerls aus, eine vierte schafften wir entgegen unserer üblichen Gepflogenheiten nicht mehr, also lud ich, ihr wolltet doch endlich mal die Mimis sehen, in meine Wohnung zum Essen ein. Begeisterung! Eh klar drückt sich der Lange, als es kurz nach sechs klingelt, noch im Flur rum, und eh klar trägt das andere Mimi, als die Damen an der Tür erscheinen, über ihrem original Siebziger-Frotteekleid ein original Pu-der-Bär-Unterhemd und dazu einen Bauhelm, aber ich muss sagen, das sieht extrem lässig aus.

Mother Jekyll, Mutter Hyde

Dann platze ich praktisch vor Zufriedenheit, denn der Abend der wilden Weiber verlief einfach einwandfrei. Das Essen, die Stimmung, die Getränke, die Weiber. Und die Kinder. Die Kinder waren so, dass anderntags mein Herz prall aufschwoll vor Glück über ihre kolossale Fabelhaftigkeit und wie das alles auf ihre perfekte S-Klasse-Mutter abstrahlte. Denn sie können ein Kunststück; das Kunststück, das von allen Kleinkindkunststücken das höchste Ansehen genießt: Die Mimis können schlafen gehen. Jeden Tag gehen sie um acht ins Bett, ohne Diskussionen, weil es nie Diskussionen gab und ihnen, glaub ich, gar nicht klar ist, dass Diskussionen überhaupt möglich sind. Wir putzen ihnen die Zähne, wir versorgen sie mit Schnullern, Wasserbechern und der Kuscheltierbrigade, wir decken sie auf ihrem Futon zu, wir machen das Licht aus, wir singen zwei Schlaflieder, wir busseln sie ab, wir gehen aus dem Zimmer, gute Nacht. Manchmal tappst eins wieder raus, wir bringen es wieder ins Bett. Manchmal hat eins einen bösen Traum, wird damit aber meistens innerhalb von Sekunden selber fertig. In 19 von 20 Fällen hören wir nichts mehr von ihnen, bis sie am nächsten Morgen zwischen sieben und acht in unser Bett gekrochen kommen.

Wenn Sie keine Kinder haben, haben Sie keine Ahnung, was das bedeutet. Wann und wie ein Kind ins Bett geht, ist die erste und zentrale Erziehungsfrage: Wer sind die Sheriffs in der Familie, wer hat die Hoheit über die Nachtruhe, über die Essensgewohnheiten, über die Smarties-Schublade, über das Zeitmanagement. Wo der Lange und ich sagen: Wir sind groß und gescheit, die Mimis sind klein und doof, das Entscheiden ist unser Job. Babys können nicht entscheiden, was gut für sie ist, wir schon. Gut ist, wenn ein Kind jeden Tag zur selben

Zeit ins Bett geht: Für das Kind, für die Eltern, für ihre Gäste. Acht heißt: Erwachsenenzeit, verlässlich.
Wir begannen damit, als die Mimis ein paar Monate alt waren und sie akzeptierten das innerhalb von Wochen. Kinder mögen klare, verlässliche Abmachungen, aber man muss sich auch verlässlich daran halten. Wir zwingen sie nicht am Abend in ein Restaurant, wir halten sie nicht heute und übermorgen und am Samstag lang und länger wach, weil es uns grad passt, und wir grad nicht nach Hause wollen. Denn um acht gehen die Mimis ins Bett. Wenn mal Gäste da sind, dürfen sie ein bisschen länger aufbleiben; meistens wollen sie aber selbst schon vor neun ins Bett. Sie sind das gewohnt. Und sie sind müde.
So war es auch am Abend der Wilden Weiber, und zwei Tage später holte Supermutter ihre Supermimis vom Kindergarten ab, voll bepackt mit Einkäufen, und dann brüllte eine der Mimis den halben Heimweg lang, es zwicke sie was am Popo, obwohl ich noch im Kindergarten, während sie ständig weggelaufen war, festgestellt hatte, dass alles o. k. ist, und dann weigerte sie sich weiterzugehen, und dann musste ich sie bei minus zwei Grad mitten auf der Straße in einem Schneehaufen ausziehen. Jacke, Rolli, Schneehose, Strumpfhose, Unterhose und raus die Windel, mit der überhaupt nichts war, dann war ich so genervt, dann schrie ich sie an, dann zerrte ich an ihr rum, grob, und wenn ich nicht die ausführende Mutter gewesen wäre, sondern die beobachtende drüben bei der Tramstation, dann hätte ich etwas gesagt. Dann schämte ich mich wie ein Schwein.

Bitte helf mich

Hey hey hey, ich bin der tweedige Reiter!, singt Sedlacek, als er meine Reiterstiefel sieht und mein Tweedsakko. Es ist Montagnachmittag, die Kinder turnen schon auf den Sitzbänken des Kaffeehauses rum, und wenn ich Sedlacek wäre und so einen Mantel trüge, würde ich nicht so das Maul aufreißen. Der Grüffelo!!!!*, brüllen die Kinder begeistert, aber mir macht der Mantel Angst; er sieht aus, als hätte ihn Sedlacek einem russischen Mafioso geklaut, weshalb ich spontan lieber nicht in Sedlaceks Nähe sein möchte. Sedlacek leuchtet übers ganze Gesicht, was allerdings kaum erkennbar ist, da ein bodenlanger, orangeroter Fuchspelzmantel stark auf Sedlaceks Antlitz abstrahlt. Ein Wahnsinn, nicht?, sagt Sedlacek stolz, was ich uneingeschränkt bejahen kann. Offenbar wurde Sedlacek von einer Dame gebeten, sie zum Kürschner zu begleiten, und der hatte zufällig eine schöne Okkasion vorrätig, ein Mantel, den ein sizilianischer Herr von Sedlaceks Statur vergangenes Jahr bestellt und nie abgeholt habe. Sedlacek sprang ein.

Während Sedlacek diesen Mantel auszieht, ruft mich eine nette Dame vom Radio am Handy an und sagt, hallo, und morgen sei doch Tag der Frau, und sie würde mich gern am Telefon interviewen, wie ich den Frauentag zelebriere, und wie ich die aktuelle Situation der Frauen beurteile, auch vom Standpunkt der berufstätigen Mutter zweier Kleinkinder. Weil ich ja eine eitle Gans bin, sag ich zu, und die nette Dame sagt, gut, dann ruft sie mich morgen um acht Uhr zwanzig an. Daraus schließe ich, dass es sich bei der netten Dame vermutlich um keine berufstätige Mutter von zwei Kleinkindern handelt. Um acht Uhr zwanzig wische ich Marmelade aus Gesichtern, suche Kinderstiefel und Handschuhe, brülle ein Mimi an, weil es zum elften Mal davonrennt und sich versteckt, versuche das andere zu überreden, den Bauhelm gegen eine warme Haube einzutauschen, wische mir Wimperntusche von unterm Auge weg, und versuche mich, während der Lange jammert, dass er nichts anzuziehen hat, daran zu erinnern, was für Unterlagen ich heute mit in die Arbeit nehmen muss; natürlich vergesse ich – Mama, helf mich!, brüllt das Mimi – die Hälfte. Acht Uhr zwanzig ist, das versuche ich der netten Dame zu erklären, eine rasend ungünstige Zeit für mich, um am Telefon Intelligentes, Solidarisches oder Aufmunterndes abzusondern, was die Dame, wie ich merke, nicht ganz versteht, weil sich eine Feministin doch wenigstens am Frauentag freimachen können muss von ihrem traurigen Mutterjoch. Nicht um acht Uhr zwanzig. Auch Sedlacek kapiert nicht, was mein Problem ist. Aber wenn ich in der Früh nur in einen Fuchsmantel schlüpfen müsste, würde ich das auch nicht.

* *«Der Grüffelo», prima Kinderbuch von Axel Scheffler und Julia Donaldson (Beltz & Gelberg).*

Und jetzt halts Maul

Doktor Ostbahn hat einmal gesagt, es sei nie zu spät für eine glückliche Jugend, ein betörender und überaus unzutreffender Satz, wie ich weiß, seit ich Kinder habe. Solange die Kinder eine glückliche Jugend haben, hat Mutter nämlich keine, muss sich also anderer Weisheiten bedienen, etwa dieser: Es ist nie zu früh für einen Gin Tonic. Oder etwas Sekt. Oder sonst Alkohol.

Auf dieser Grundlage verging kürzlich ein Abend im Rabenhof sehr vergnüglich, außerdem war Blumenau da. Bedauerlicherweise habe ich zu später Stunde einen Kulturstadtrat spontan geduzt, der verduzte Kulturstadtrat duzte zurück, und das lässt sich nun vermutlich nicht mehr rückgängig machen, ohne dass alles noch peinlicher wird als eh schon.

Ich rechtfertige erstens mein Fehlverhalten mit übermäßigem Alkoholkonsum, zweitens den Alkoholkonsum damit, dass ich als berufstätige Mutter zweier Kleinkinder sonst nicht viel zu lachen habe. Jetzt mal außer beim Vorlesen vom „Grüffelo"–, aber auch da zeigt mein Frohsinn nach der 94. Lektüre leicht abnehmende Tendenz. Da kommt ein bisschen Alkohol gerade recht. Auch meine schwangere Freundin Lotte, die sich gerade im Stadium hormonbedingter Total-Idealisierung von Mutter-Kind-Beziehungen befindet, wird das schneller lernen, als ihr Kind gugu sagen kann.

Ein paar Flaschen „Roter Oktober"-Bier waren beim Protest-Song-Contest also meine besten Freunde, neben Fräulein Dusl und Herrn Blumenau, der in Begleitung eines nicht besonders geilen Patriotismus da war. Wobei ich während meiner Tätigkeit als Jurorin eher mäßig, anschließend extrem tüchtig trank, was, wie ich befürchte, nicht nur dem Kulturstadtrat auffiel, sondern auch Rocko Schamoni, der sehr dekorativ in einer Ecke lehnte, und dem ich, als er mich ansprach, etwas Geschmeicheltes zurücklallte, ich weiß aber nicht mehr, was. Allerdings ging ich trotz augenscheinlichster Besoffenheit nicht so weit wie die geschätzte Kollegin Andrea Dusl, die zum Schluss der Sieger-Band den Sieger-Preis klaute, und das völlig nüchtern. Zu ihrer Ehrenrettung muss ich anführen, dass sie keine Ahnung hatte, dass es sich bei einem unbeaufsichtigten, fast leeren Karton „Roter Oktober“ um den Siegerpokal handelte, und als sie es im Taxi von mir erfuhr, bereute sie sehr, aber zu spät.

Auch ich bereute, nämlich anderntags um halb sieben, und zwar schmerzhaft. Stellen sie sich eine völlig verkaterte Mutter zweier total munterer Kleinkinder nach viereinhalb Stunden Schlaf vor, mehr brauchen Sie nicht zu wissen. Um halb zwölf trafen wir Sedlacek zum Frühstück in der Kunsthalle, da schaut der mich an und fängt dann an zu singen, jahaaa, es ist niiiiiiie zu spääääät für eine glückliche Juuuugend, und ich sage, sehr schön, Sedlacek, und jetzt halts Maul und bestell.

Spielplätze, Strafe der Mütter

Auf den Horvath bin ich beleidigt. Der Horvath hat mich gezwungen in Stöckelschuhen zweieinhalb Kilometer zu hatschen; links und rechts je ein tapferes Kleinkind, während der kleine Horvath sich vom Horvath im Wagerl schieben lässt. Also echt. Wenn ich das gewusst hätte. Naja, tatsächlich hab ichs gewusst, aber ich hab geglaubt, beim ausgemachten Spielplatz handle es sich um einen anderen, der viel näher am Kindergarten liegt. Trotzdem. Der Horvath ist schuld. Ich meine, er hat doch meine Schuhe gesehen, hargottsack.

Als wir auf dem Spielplatz ankommen, fleucht von dort gerade der letzte Sonnenstrahl, und auf zwei schattigen Bänken sitzt das Mütterrudel und schaut ihm bekümmert hinterher. Ich setz mich beleidigt dazu, aber nicht lange, denn es handelt sich um einen besonders blöden, weil weitläufigen und unübersichtlichen Spielplatz, und meine tapferen Kinder sind trotz des elenden Marsches noch nicht erschöpft genug, um nicht in zwei auseinanderstrebende Richtungen zu rennen und dort die jeweils gemeinsten Klettertürme zu erklimmen. Spielplätze sind die Strafe der Mütter. Der Mütter, ja, nicht: der Eltern, denn es sind, vom Horvath mal abgesehen, immer nur Mütter auf Spielplätzen, wir sind ja nicht in Schweden.

Auf den Spielplätzen werden die Mütter fertiggemacht, speziell die berufstätigen; nach der Arbeit werden sie in Stöckelschuhen in die Sandkisten geschickt, wo sie riskant rückwärtsgeneigt zur Rettung und Belehrung ihrer Kinder stapfen, die grad einen Sandschaufelkrieg führen, meinsmeinsmeinsgibher!!!, die Mütter entknäulen ihre Kinder, lächeln sich entschuldigend zu und stapfen zurück zu ihren Bankerln, wo sie sich den Staub von den Trenchcoats und Sakkos klopfen. Es ist deprimierend, und ich blitz den Horvath, der dafür überhaupt nichts kann, mit einem Du-bist-schuld-Blick nieder, den er genauso ignoriert wie zuvor meine Schuhe. Dann zückt Mutter Urban ihren Palm und ich mein Filo, und wir suchen einen Termin für einen gemeinsamen Spielnachmittag, aber da, da und da ordiniert Mutter Urban in ihrer Ordination, und von da bis da bin ich in Zürich, und da hab ich endlich mal Karten für den „Ozean" im Zoom-Kindermuseum, was etwa so easy zu ergattern ist wie einen Tisch bei „Kim kocht". Wie schauts da bei dir aus? Da gehts. Ab halb vier bei dir? Gut, ich trags ein. Ich auch. Ich hasse diesen Spielplatz. Ich auch.

Die Wahrheit ist, dass wir alle Spielplätze hassen, außer den Spielplatz hinterm Museum für angewandte Kunst*, der sofort wieder aufsperren soll. Wenns geht, heuer mit einer Sandkiste, das sag ich trotz der Stöckelschuhproblematik. Denn der MAK-Spielplatz ist der einzige Spielplatz, wo eine Frau ihre Kinder in würdevoller Haltung beaufstichtigen kann, nämlich an einem Tisch mit einem Kaffee oder einem Glas Wein. Warum können nicht alle Spielplätze so sein? Auch dieser hier? Wenn ich jetzt ein Glas Wein hätte, würde ich vielleicht dem Horvath verzeihen, aber hier gibts ja nur schattige Bankerl mit nichts.

* *Selbstverständlich wurde der MAK-Spielplatz praktisch unmittelbar nach Erscheinen dieser Kolumne geschliffen.*

Wir kommen, um uns zu beschweren

Alle rufen um halb vier an. Täglich sitz ich von neun bis drei vorm Laptop, das Hirn kinderkramfrei und einsatzbereit, das Telefon stumm. Das Telefon klingelt um halb vier, wenn ich in der Garderobe vom Kindergarten unter baumelnden Säcken voller angebrunzter Unterhosen nach den Schuhen meiner Kinder suche: Es ist Sedlacek, es ist jemand aus der Redaktion, es ist Mutter Breuss, die normalerweise genau jetzt genau hier neben mir unter ein Bankerl kriecht und die Schuhe ihres Sohnes sucht. Heute sucht der Vater. Mutter Breuss ist between meetings und hat endlich Zeit, auf eine Nachricht zu reagieren, die ich am Freitag auf ihrem Anrufbeantworter hinterlassen habe. Stör ich?, sagt die Breussin, aber na, sag ich, du weißt ja, halb vier ist eine super Zeit zum anrufen, dreiviertel vier auch, da geh ich mit einem Kind an jeder Hand eine tüchtig befahrene Straße lang oder versuch, in die Straßenbahn zu kommen, ohne eins zu verlieren, nur ab vier ist es, Mausi, bitte heul nicht, deine Pu-der-Bär-Kappe finden wir schon, ab vier ist es fad, da sitz ich am Spielplatz und studiere das demografische Missverhält… Jetzt krieg dich wieder ein, sagt Mutter Breuss, ich ruf dich in einer Stunde an, und ich sag, guhuut.

Übrigens hat Leser Siegfried S. beklagt, er stolpere nun ständig in diese Kolumne und wähne sich dann in „Brigitte“ oder „Woman“. Auch Wiglaf Droste, der sonst nicht so blöd ist, beschwert sich in seinem Buch „Der infrarote Korsar“, das von Gürkchen, Brötchen, Kastanien und nicht von Kindern handelt, über Leute, die so abgewrackt sind, dass sie über ihre Kinder schreiben.

Werte Herren S. und D., Sie müssen jetzt stark sein. Finden Sie sich lieber damit ab, dass Sie jetzt öfter auf Mütter treffen, die ihr Maul aufreißen, nicht nur in Kolumnen. Nichts ist mehr wie früher. Die Weiber kriegen ihr erstes Kind mit durchschnittlich 29, das heißt, es gibt jede Menge frischer Mütter bis 45, und da ist man kein junges, unsicheres Trutscherl mehr, das sich, seiner Bestimmung endgültig zugeführt, bis zur Volljährigkeit des Nachwuchses glücklich im Kinderzimmer einrichtet. Nein, die haben schon ein bisschen was erlebt, geleistet und weggearbeitet, die wissen, wer sie sind und was sie dürfen. Und die beschränken ihr Dasein dann nicht auf Küche, Spielplatz und „Brigitte", wo Sie, so interpretiere ich Herrn S., eigentlich hingehören. Nix da, die leben frech so ähnlich weiter wie davor. Zumindest versuchen sie das, und wenn es nicht gelingt, dann machen sie, das ist das Ärgste, nicht automatisch die eigene Unzulänglichkeit, sondern die Gesellschaft dafür verantwortlich; auch Sie, Herr S., gerade Sie.

Rechnen Sie also mit diesen Müttern und ihren Kindern und Beschwerden, und zwar dort, wo Sie jetzt gerade sind, in Ihrer Straßenbahn, Ihrem Lieblingscafé, Ihrer Zeitung. Ich hab gerade eine am Telefon; Breussin, das ist eine Sauerei, lass dir das ja nicht bieten, und Mutter Breuss sagt, na was glaubst.

Wie man Haemmerli glücklich macht

Wie ich gerade so richtig schön im Supermum-Flow dahinschwinge und mich frage, soll ich diesmal über Schnuller oder Kindergärten schreiben, krieg ich ein Mail von Haemmerli, der sich freut, dass ich so schön in meinem Supermum-Flow dahinschwinge, aber ich soll doch wieder mal ein bisschen Schnaps trinken. Also, wenn möglich, eher viel und zwar tunlichst in Gesellschaft zweifelhafter Charaktere. Er langweile sich etwas, schreibt Haemmerli, immer nur Kinder, Kinder, Kinder; ich soll doch mal wieder an seine Unterhaltung denken. Da hat er Recht, aber was soll ich tun; rund um mich herum rutschen die Babys aus den Freundinnen und machen toughe Anwältinnen, trinkfeste TV-Produzentinnen und lebensfrohe Unternehmerinnen zu Müttern, die, davor undenkbar, ihre Handys stundenlang ausschalten. Wenn ich sie doch mal erwische, stöhnen, staunen oder stillen sie gerade und sehen sich außer Stande, darüber Auskunft zu geben, wann sie je wieder die Wohnung für etwas anderes als einen kurzen Spaziergang verlassen werden. Sie sind nicht in der Lage, weiter in die Zukunft zu blicken als drei oder vier Stunden. Der Begriff «morgen» ist für sie ebenso nebulos wie für meine dreijährigen Kinder, bei denen man sich allerdings mit der Hilfskonstruktion «noch einmal schlafen» behelfen kann, während die Frischmütter so was wie «einmal schlafen» nicht kennen. Nach etwa zehn Tagen kommt verlässlich die Frage, wie es möglich sei, mit zwei Säuglingen zu überleben.

Das ist befriedigend, löscht aber nicht meinen Durst. Wenigstens Lotte ist noch ansprechbar; es sind drei Wochen bis zur Karli-Geburt, und bislang kann sie sich das Leben mit Säugling nicht annähernd vorstellen. Sie sitzt mit dickem Bauch in einem Gartenlokal und hört sich diesbezügliche Erzählungen mit einem Blick an, der ihre vollständige Ungläubigkeit keine Sekunde zu verbergen vermag. Tatsächlich sagt Lotte, dass sie sich unter anderem deshalb so sehr auf die Mutterschaft freut, weil sie endlich etwas Zeit für sich habe. Ich weiß schon, dass sie dieses «mich» im Gegensatz zu einem «arbeitenden, chefbestimmten Ich» meint, und sie weiß schon, möglicherweise auf Grund meines hysterischen Gelächters, dass das eventuell Unsinn ist. Aber das Unsinnige daran muss ihr eben erst jemand beweisen, und das wird der Karli ihrer Ansicht nach nicht, denn er wird ja als hilf- und hirnloses Wesen auf die Welt kommen. Und mit so einem kleinen Gemüse wird sie ja wohl fertig werden, sie ist schließlich eine erwachsene Frau mit hervorragender Ausbildung und langjähriger Lebens- und Berufserfahrung, die schon mit gestandensten Kerlen und fiesesten Vorgesetzten fertig geworden ist. Also quasi natürliche Überlegenheit. Noch dazu ist es ja nur ein so ein kleines Ding, nicht zwei wie bei mir. Jahaha. Haha. Hahahahahaha.

Ich tu mich also gerade schwer, Haemmerlis Wünsche zu erfüllen, und da ich Sedlacek erst am Freitag treffe, maile ich Haemmerli zum Trost ein kleines Emergency-Video, auf dem der verlobte österreichische Finanzminister zu sehen ist, wie er am Pariser Flughafen mit einer reichen Schnepfe rummacht, mit der er nicht verlobt ist, und Haemmerli ist erst mal glücklich. Das sollte zur Überbrückung reichen.

Fehler, Fehler, Riesenfehler

Denn es geht, und hier rekurriere ich nochmal auf Wiglaf Drostes selektive Blödheit, ja nicht darum, mit lustigen Kinderanekdoten Quote zu machen. Es geht darum, das Leben mit Kindern in eine Beziehung zum anderen Leben zu stellen, denn zwischen dem einen und dem anderen gibt es, das weiß ich jetzt, bedauerlich wenig Interaktion. Parallelgesellschaften, wenn man so will. Im Unterschied zu früher bin ich jetzt auch der Ansicht, dass dem Leben mit Kindern nicht nur der Vorzug zu geben, sondern auch eine Bevorzugung einzuräumen sei, weil ich jetzt weiß, wie beschwerlich das Leben mit Kindern sein kann, technisch gesehen. Das sage ich nicht, weil ich, wie Leser Karl L. mutmaßt, eine frustrierte Mutter bin, sondern weil ich eine Mutter bin. Aber von Müttern wird, das irritiert mich etwas, stets erwartet, dass sie vor Glück und lustigen Kinderanekdoten nur so übersprudeln, und sonst bitte gusch. Oder wenigstens sollte man so schadenfroh über sie ablachen können wie über die „Desperate Housewives" aus dieser Scheiß-Serie. Eine wahrheitsliebende Schweizer Miss hat kürzlich in einem Interview über ihren kleinen Sohn gesagt, er gehe ihr von Zeit zu Zeit auf den Zeiger, dafür kriegte sie so einen auf den Deckel, dass sie hinterher in 99 Interviews versichern musste, wie sehrsehrsehr sie ihren Sohn übrigens liebe. Hier ist es ähnlich.

Auch meine Kinder gingen mir diese Woche wieder unbeschreiblich auf den Zeiger, unterbrochen von zärtlichster Verliebtheit und rasender Glückseligkeit, und das meine ich völlig ernst. Am Dienstag sitze ich mit Mutter Breuss in meiner Küche, die Kinder fetzen durch die Wohnung und wir lachen fröhlich über Lottes Bemerkung, wie sie sich auf die freie Zeit nach der Niederkunft mit dem Karli freut. Lustig, lustig, tralala. Die wird schön schauen. Aber, sagte Mutter Breuss: Genauso, wie sie nicht ahnt, dass auch sie, die taffe Powerlotte, die schon mit ganz anderen Kerlen fertiggeworden ist als mit so einem hilflosen kleinen Karli, bald in vielen Stunden nicht wissen wird, wie sie das packen soll, weiß sie auch nicht, was sie alles sozusagen als Gratis-Mehrwert dazu bekommt. Mir war zum Beispiel nicht klar, dass man sich so oft freuen kann. Genau, sag ich, früher fand ich grad mal Harald Schmidt lustig, und jetzt lach ich hundert Mal am Tag. Wusste ich alles nicht, sagt Mutter Breuss, und jetzt weiß ich es, und ich kann nicht mehr reinen Herzens jemandem zustimmen, der sich entschieden hat, kein Kind zu haben.

Ja. Ja. Wenn mir Leserin Karin-Anne T. also schreibt, aufgrund meines enervierenden Gejammers sei sie nun entschlossen, nie Kinder zu haben, muss ich sagen: Fehler, Fehler, Riesenfehler. Sie haben nämlich keine Ahnung, was Sie sich entgehen lassen.

Ich hab doch eh gelebt

Manu, die im Unterschied zu Lotte grad kein Kind gekriegt hat und auch keins will, sagt, als wir bei Lotte im Spitalszimmer stehen, hübsches Kind, süßes Kind, aber wenn jetzt eine von uns davon anfängt, ob sie denn nicht allmählich auch, verlässt sie dieses Zimmer und sucht sich auf der Stelle neue Freundinnen. Dabei fixiert sie mich, und ich äh weiß schon warum, weil vorgestern, als sie bei mir babysitten war, hab ich ihr nach meiner Heimkehr bei einer Flasche Rotwein eine, wie ich fürchte, zart missionarische und nicht völlig pathosfreie Rede gehalten, im Prinzip der letzte Satz meiner letzten Kolumne, nur etwas äh länglicher. Also, dass sie unbedingt ein Kind braucht, undsoweiter undsofort. Ich sage, es tut mir leid, als beste Freundin fühle ich mich verpflichtet, sie vor der Kinderlosigkeit zu warnen, vor allem, weil sie schließlich schon ein bisserl über 35 ist. Manu sagt, das respektiert sie, herzlichen Dank, und sie hats kapiert, und wenn ich in ihrer Gegenwart je wieder davon anfange, ist sie meine Freundin gewesen. Ich senke mein Haupt in Reumut; okeokeoke.

Was ich letztes Mal vergessen habe: Warten Sie mit der Mutterwerdung unbedingt, bis sie mindestens 30 sind. Besser 35. Wenn möglich 40 oder darüber. Es schadet auch keinesfalls, wenn Sie vor der Niederkunft ein paar Mal aus waren, eine Zahl zwischen 2000 und 4000 Mal scheint mir angebracht. Denn so eine Zahl kann man sich hinterher, in einer jener Nächte, die man entschieden nicht mit Halligalli verbringt, sondern beim Herumtragen von wimmernden Säuglingen oder beim Einschlafen vorm „Tatort", wieder und wieder vorsagen. 3500, ich hab doch eh gelebt. 3500, gut, dass sich mein Organismus jetzt ein bisschen regenerieren darf. 3500, was könnte ich da noch versäumen? Man sollte nämlich möglichst wenig versäumt haben, bevor man Kinder kriegt, aber das kann dir, sage ich zu Manu, eh nicht mehr pass… Manu? Manu??

Also bewundere ich nochmal Lottes süßen kleinen Karli, ein Mädchen übrigens. Ich bin sehr für Mädchen, da ich Testosteron für ein völlig überschätzes Hormon halte, weshalb ich es auch sehr begrüße, dass ich zwei Mädchen habe, auch wenn eines davon ein Bub ist. Sie hat das selbst entschieden, ich red ihr da nix drein, sag ich zur Hofingerin, als wir mit dem Horvath im Museumsquartier in der Sonne sitzen und eine Kleinigkeit trinken, während die Kinder auf den Enzis rumturnen, das Hofinger-Dirndl, der kleine Horvath, mein Mädchen und mein Bub. Eh lustig, sagt Mutter Hofinger, ja, sag ich, Geschlecht ist doch eh ein ein ein soziales soziales äh Konstruktiv, sag ich, Konstrukt, sagt Mutter Hofinger, äh sag ich, äh ja, Konstrukt, konstruktives Konstrukt äh haha sozusagen, ja, wer will noch ein Bier? Ich, sagt Mutter Hofinger, ich, sagt der Horvath, und ich nehm dann lieber doch einen Saft.

Du sollst nicht mit Sandschaufeln werfen

Eben noch danke ich dem Herrn, dass nur eines meiner Kinder etwas Derartiges wie eigenen Geschmack entwickelt, schon rasselt das andere Kind voll in die Prinzessinnenphase. Wobei es mir erstaunlich egal ist, dass es laut ihrer Ansicht augenblicklich für ein Mädchen ihres Alter nur vier vertretbare Farben gibt – Rosa, Pink, Lila und Rosa –, aber leider führt es dazu, dass auch sie jetzt um jede Unterhose und jede Socke – die nicht!! – streitet. Das gehörte bislang zu den Privilegien des anderen Kindes, und bereits das brachte mich damit täglich an die Außengrenzen meiner morgendlichen Belastbarkeit. Aber ich wollte die Pu-Socken anziehen! Die sind dreckig. Du wäschst sie! Ja, aber nicht jetzt, zieh die hier an. Die nicht! Doch. NEINEINEIN!

Fragen Sie erst gar nicht, wie der Lange auf solche Stildebatten reagiert: Wir haben uns längst darauf geeinigt, dass er für die morgendliche Kaffee- und Kakaoerstversorgung zuständig ist, dafür darf er friedlich duschen, während ich beide Kinder unter Gezeter und Geschrei in Textilien zwänge. Das Prinzessinnenkind trägt jetzt also, Witterung hin oder her, nur noch rosa Rüschenkleider zu rosa Strumpfhosen und rosa Gummistiefeln; während das Bubenmädchen großen Wert darauf legt, dass möglichst nichts darauf hinweist, dass sie ein Mädchen ist. Sie verweigert Röcke, Kleider und rosa, und selbst ich, die ich bis weit in meine Pubertät hinein einen strikt kontrafemininen Bekleidungs- und Frisurenstil pflegte, sähe sie manchmal gern in etwas, das ein bisschen weniger an Huckleberry Finn gemahnt. Immerhin hat sie kürzlich in ihrem Schrank etwas gefunden, das sie seither als Fußballtrikot akzeptiert: Tatsächlich handelt es sich um ein hübsches, geringeltes Jersey-Sommerkleid mit kurzen Ärmeln und aufgenähter Bauchtasche, aber ihr verlogenes Mutterviech klärt sie aus reiner Putzsucht nicht über die Wahrheit auf. Das Kind trägt das Teil über Jeans, und mittlerweile wissen alle Kindergärtnerinnen und das ganze Mütterrudel, dass es bei Geschrei verboten ist, das hübsche Kleid zu loben. DAS! IST! EIN! FUßBALL-LEIBI!!!!

Kurz plagte mich die Sorge, dass die Buben im Kindergarten sie auf uncharmante Weise auf ihren Irrtum aufmerksam machen könnten, aber als ich die Kinder kürzlich in der Früh ablieferte, bemerkte ich, wie ein Fünfjähriger bei unserer Ankunft des Bubenmädchens Patschen apportierte; sie hat sich offenbar einen für eine Dreijährige bemerkenswerten Respekt verschafft. Gutes Mädchen; dabei neigt sie noch nicht mal zur Gewalt. Was im Übrigen der Hauptgrund ist, warum ich gerne alle mit Mädchenmutterschaft einhergehenden Geschmacksverwirrungen in Kauf nehme; Krönchen, Ponys, Tütüs, Plüschtierlawinen, Barbie-Attacken, komme, was wolle: Denn dafür bleiben meine Mädels von Testosteron verschont. Im Moment bedeutet das: Sie akzeptieren auch anderes Spielzeug als Ritterburgen und Matchbox-Autos, werfen nicht mit Sandschaufeln, sie spucken nicht und hauen sich nicht mit Holzschwertern die Köpfe blutig. Danke, Herr, für Mädchen; auch wenn du mich jeden Morgen beim Anziehen deswegen fluchen hörst.

Playmate des Monats

Wie ich gerade auf dem Balkon eine Sandlawine zusammenkehre, schickt mir Sedlacek ein SMS: Alles Gute zum Geburtstag und weißt du mir einen jungen, hungrigen Schreiber, der mir eine Kundenzeitschrift machen könnte? Das macht mich enorm sauer, und ich schicke Sedlacek ein SMS, dass er sich erstens das Theater jetzt einmal sparen kann. Denn ich hab gar nicht Geburtstag. Er hat. Und mir ist auch bewusst, dass er hat, den ganzen Tag schon, aber in Sedlaceks Fall neige ich in dieser Hinsicht zu einer gewissen Kleinlichkeit. Es ist jedes Jahr dasselbe: Wenn ich nicht bis spätestens halb zehn meine Glückwünsche deponiert und den für das Geschenk ausgegebenen Betrag nenne, ruft Sedlacek an, um mich ans Gratulieren zu erinnern und an das Geschenk. Was mir unbeschreiblich auf den Zeiger geht, weil Sedlacek, und das smse ich ihm jetzt, nicht nur null Ahnung hat, wann ich Geburtstag habe, er weiß nicht mal, dass ich einen habe.

Zweitens habe ich, smse ich weiter, keinen jungen, hungrigen Schreiber mehr auf Lager, die sind leider aus. Ständig recherchiere ich Sedlacek Telefonnummern und E-Mail-Adressen von jungen, hungrigen Schreibern, die er dann nicht anruft, und wenn doch, nach dem ersten Gespräch nicht mehr anruft, und mittlerweile ahne ich auch, warum. Denn eigentlich will Sedlacek gar keinen jungen, hungrigen Schreiber, er will auch keine junge, hungrige Schreiberin, er will eine tüchtige und willfährige Sklavin, die er herumkommandieren und mit den Grenzen ihrer Belastbarkeit und Flexibilität vertraut machen kann. Keine Ahnung, wie, aber Sedlacek findet immer wieder eine. Die Welt muss voller versteckter Nester sein, in denen tüchtige, willfährige Mitarbeiterinnen ausgebrütet werden, die ihre knochigen, kleinen Hintern früher oder später in Sedlaceks Drehsessel drücken und nur aufstehen, um Sedlacek wie einen römischen Cäsaren zu umschwänzeln; mit diesen Augen hab ichs gesehen. Meistens handelt es sich um höhere Töchter aus Aristokreisen; wahrscheinlich wollen sich die mal ein paar Jahre lang so richtig im prallen Leben spüren, bevor sie Graf Debilo oder Fürst Kretin heiraten und ihm ein paar Kinder mit zusammengewachsenen Augenbrauen herausdrücken.

Dazu passt irgendwie die Geschichte meiner Freundin Hanni, die ebenfalls feststellen durfte, dass das Personalangebot in unseren Kreisen immer bedrohlicher wird: Hanni, Redaktorin bei einer Tageszeitung, wurde nämlich die Leitung eines neuen Ressorts übertragen, was sie mit berechtigtem Stolz erfüllte. Allerdings bekam Hanni, die selbstverständlich von ihrer faktischen Unersetzbarkeit überzeugt ist, bald Kenntnis von ihrer Nachfolgerin. Es zeigte sich, dass diese nicht nur über eine hervorragende Ausbildung, fachliche Kompetenz, jahrelange Berufserfahrung und ein sympathisches Auftreten verfügte (hat Hanni alles auch), nein: Die Nachfolgerin war auch mal Playmate des Monats gewesen (Hanni nicht). Diese Geschichte unterschlage ich Sedlacek, als er mich schließlich anruft. Er kapiert das Tragikomische daran sowieso nicht. Aber er will garantiert die Playmate-Nummer und dann muss ich wieder schreien.

Ich bin eine Langweilerin

Es hat schon angefangen, Lotte weiß es bloß noch nicht. In Lottes existenziellem Koordinatensystem spielen momentan die Nahrungsaufnahme- und Ausscheidungsmodalitäten ihrer vierwöchigen Tochter eine zentrale Rolle. Seit dreieinhalb Wochen habe ich Lotte nicht gesehen und kaum gesprochen; sie kommuniziert hauptsächlich in Form von übernächtigen SMS-Info-Bulletins, mittels derer sie ihren Freundeskreis informiert, dass die perfekte Kaiserschnittnarbe etwas schmerze und ansonsten alles unvorstellbar anstrengend sei ... Gute Arbeit, lieber Gott, genau so hatte ich mir das gedacht. (Revanchismus ist eine wenig ehrenwerte Tugend, aber eine ausnehmend befriedigende.)

Allerdings sitze ich auch mit Manu im Expedit und wir begießen mit ein paar Achterl unser Bedauern, dass wir Lotte die nächsten ein, zwei Jahre eher selten sehen werden. Es hat angefangen; Manu ahnt es, ich weiß es. Ich weiß, dass Lotte es nun vorziehen wird, sich mit Müttern und Vätern gleichaltriger Kinder herumzutreiben, weil ich das auch getan habe, aus der extrem zutreffenden Intuition heraus, dass es eine Zeit am Beginn von Elternschaft gibt, in der man eigentlich nur von Neo-Eltern zu ertragen ist. Denn die Natur hat es so eingerichtet, dass jedes Furzi, das dem Kleinkind entweicht, bei seinen Erzeugern einen unbezwingbaren Mitteilungsdrang auslöst. Nie im Leben spielt Gleichgesinntheit eine größere Rolle als nach der Geburt des ersten Kindes.

Während es bei Lotte erst angefangen hat, nimmt meine Verspießerung einen glücklichen und zügigen Verlauf. Und ich freue mich, denn ich bin auf der Suche nach Selbstbestätigung, sagenhaft darauf, „Saturday“ zu lesen, den neuen Ian McEwan, ein Roman über ein erfülltes Dasein in der Mittelschicht. Ich will dieses Buch lesen, nachdem der Lange und ich die Kinder ins Bett gezwungen und die Hendlknochen vom Abendessen weggeräumt haben, wenn ich in der Dämmerung mit einem Glas Rotwein auf dem Balkon sitze und mir nichts wünsche, außer dass alles so bleibt, wie es ist.

Das ist natürlich reines Biedermeier. Selbst Sedlacek ist schon tüchtig genervt von meinem wohlig zelebrierten Spießertum; aber das kann mir egal sein, denn der „Süddeutschen Zeitung“ entnahm ich letzthin, „dass das radikale Unbehagen an der Mittelschicht (...) vor allem ein Klischee“ und die „Verachtung für alles Konventionelle“ längst „völlig konventionell“ geworden sei. Das befreit mich von jeder Menge schlechtem Gewissen und von meiner schier endlosen Liste von gerade noch glaubhaften Ausreden für vorsätzlich ausgelassene Gelegenheiten zu Jux, Tollerei und mangelhaftem Betragen in Gesellschaft und Öffentlichkeit. Endlich gemütlich gemütlich sein dürfen! Endlich am Abend ungeniert zu Hause bleiben und Freunde einladen dürfen! Endlich die Jamie-Oliver-Kochbücher und Einrichtungsmagazine nicht mehr unter den deutschen Feuilletons verstecken müssen. Ja: Ich bin langweilig. Und, scheiße, bin ich es gern.

Ich schaff das schon, danke

Auch letzte Woche gab es wieder Momente, in denen meine Muttereuphorie massiv auf die Probe gestellt wurde, in einem davon brunzte mir eins der Kinder auf ein paar neue, goldene Nubuk-Slingbacks. Für den Bruchteil einer Sekunde wußte ich nicht, was eigentlich dagegen spricht, Kinder zu prügeln, aber es ist ein schnelles Kind, und der Bruchteil verging rasch.

Außerdem bin ich von befreundeten Säuglingen umzingelt, und als Susi, die sonst in Berlin lebt, uns mit ihrem sieben Wochen alten Baby besucht, lahmt mein maternaler Enthusiasmus hurtig, was einerseits damit zusammenhängt, dass Susi mich zusätzlich zur akzeptablen Babyvergötterung noch zirka tausend Babyfotos anbeten lässt. Darunter zahllose, an denen Baby an den riesigen, entblößten Susi-Brüsten pickt; ehrlich, nur KHG und Fiona überbieten noch die Zeigefreudigkeit von Frischmüttern. Andererseits betont Susis Präsenz eines meiner Primär-Defizite, denn Susi hat kein Problem damit, ungeniert jede Hilfe anzunehmen, die wir ihr aus purer Höflichkeit anbieten, was ich überaus unhöflich finde. Denn die meiste dieser Hilfe ist unnötig, und während der Lange für Susi Windeln kaufen geht und Susi das Flascherl, das ich Baby (neben einem Abendessen für sechs Personen) zubereite, drei Mal aufgrund eines verantwortungslosen Erwärmungsgrades zurückgehen läßt, steigt in mir eine zärtliche Zuneigung für all jene Frauen auf, denen die Worte *Danke, das schaff ich schon allein* zur Religion geworden sind.

Alice Schwarzer hat, sie erwähnt das manchmal in Interviews, deswegen ein zart schlechtes Gewissen, da ihr bewusst ist, dass sie nicht unschuldig ist am Unvermögen vieler Frauen meines Alters Hilfe anzunehmen, weshalb sich viele von ihnen, das stimmt schon, gnadenlos überfordern. Beruf, Kinder,

Haushalt, ich schaff das schon, danke. Seit Susi mit Baby auf meinem Sofa flackt und sich von meinen dreijährigen Kindern mit Schokolade füttern lässt, finde ich allerdings, Frau Schwarzer sollte sich deswegen nicht so einen Kopf machen. Ich finde es ausgezeichnet, wenn Frauen viel alleine schaffen können. Das wollten wir doch immer, oder? Alles können dürfen? Oder nicht? Ich komm nun mal vom Land und bin deshalb ein Fan von selbstgewissen Do-it-yourself-Weibern, ruhig auch ruppigen. Ja, wenn man Hilfe braucht, sollen auch diese Weiber die Eier haben, sie anzunehmen oder auch mal darum zu bitten. Aber wenn nicht… danke, bleib sitzen.

Daneben will ich diese Woche einen Parkettboden aufstemmen und mich darunter ein wenig einkrümeln: Es ist der Parkettboden von Mutter Breuss, die mich deswegen verhaften lassen würde, denn der Boden ist frisch und teuer renoviert. Wir sind bei Familie Breuss gemeinsam mit anderen Familien zum Essen geladen, wobei ich eine alte Bekannte treffe, die ihren elf Monate alten Sohn auf dem Arm hält, und wir machen bussibussi und hallo und ich schau sie an, und sag, ah, da schau her, du kriegst wieder ein Baby!, und sie schaut mich an und sagt, nein, ich hab nur ein bisschen zugenommen. Scheiße. Scheißescheißescheiße. Ein indiskutabler Anfängerfehler, sowas passiert mir schon lang nicht mehr, aber natürlich passiert es mir doch, und ich weiß auch warum, erstens bin ich von Säuglingen umzingelt, zweitens ist diese spezielle Bekannte ein verdienstvolles Mitglied der Das-schaff-ich-schon-allein-Fraktion und ein bisserl ruppig, weshalb ich vor ihr einen zittrigen Respekt habe, und wenn sie irgendwo auftaucht, hyperventilier ich mental und es entfährt mir auf der Stelle das denkbar Peinlichste. Naja, nicht, dass es das nicht auch ohne fremde Hilfe täte, denn, danke, das schaffe ich problemlos ganz alleine.

Du bist ein unfassbar mieser Sohn

Schon am Samstag erfuhr ich, dass es doch ein paar tapfere, unbeugsame Zürcher gibt, die in einer tüchtigen Nachtaktion die garstigen Plastikbären, die jetzt überall auf der Straße stehen, unter eleganten, schwarzen Plastiksäcken verbargen. Ich danke euch für diesen tätigen Willen zur Reästhetisierung Zürichs. Und ich danke, dass ihr dem Zürich-Slogan «Erlaubt ist, was nicht stört» endlich eine Bedeutung implantiertet, die sich auch mir erschließt. Ich dagegen versuche, eine derzeit vielfach geäußerte Feststellung wieder aus meinem Haushalt zu explantieren: Du bist ein Gacki! Mein Volk hat die Lust an der Schmähreden entdeckt und gibt sich ihr hin. Ich bin kein Gacki, du bist ein Gacki! Nein, du bist ein Gacki! Du! RUHE ALLE ZUSAMMEN!! RRRRRUHE!!! Ich muss denken.

Denken, lustig. Hab ich schon mal die ärgste Krux an der Mutterschaft erwähnt, dass man nie, nie, nie einen Gedanken gediegen fertig denken darf? Nie? Verschärfend kommt hinzu, dass ich nicht mal gedankenhalber aus der Wohnung flüchten kann: Erst hatte Kind 1 Windpocken und Kind 2 nicht. Als endlich die zu Hilfe gerufene Oma aus ferner Provinz angereist kam, bekam Kind 2 nicht Windpocken, sondern Kind 1 wurde gesund, und nachdem Oma zurück in die Provinz gereist war, um sich um Dinge abseits ihrer Enkelei zu kümmern, entschloss sich Kind 2 zu einem spontanen Windpocken-Ausbruch. Und hier sitze ich nun und kann mit Sedlacek nur telefonieren. Denn Sedlacek, den ich zu unserer Aufheiterung herbeiflehte, wagt sich nicht in unser Krankenlager, denn er ist nicht sicher, ob er die Windpocken schon hatte, und er will nicht seine Mutter anrufen und sich erkundigen, denn es gibt ein Zerwürfnis. Offensichtlich betrat seine Mutter mit jenem Zweitschlüssel Sedlaceks Wohnung, der ausschließlich – ausschließlich! – für Notfälle und abwesenheitsbedingte Grünpflanzenversorgung vorgesehen war, fand ihn schnarchend in zwei Damen verknäuelt, floh die Wohnung stehenden Fußes und rief Sedlacek unmittelbar darauf an, um unter bitteren Tränen ihrer fundamentalen Enttäuschung über die totale Missratenheit ihres einzigen Kindes Ausdruck zu verleihen sowie ihrer wachsenden Überzeugung, dass sie nie schnief nie schnief niemals schniefschnief Oma werde, genauso gut könne sie ihren gesamten Besitz sofort dem Tierschutzbund vermachen. Sedlacek wiederum habe seine Ermüdung angesichts dieser zermürbend vorhersehbaren Spießermutterreaktion inklusive ewig alter Leier kundgetan, was das Klima zwischen Mutter und Sohn nicht optimierte.

Ich sage, Sedlacek, du bist so ein Gacki und ein unfassbar mieser Sohn, aber weil es mir nicht gelingt, meine Begeisterung über den Einbruch der Vulgarität in mein fades Spießermutterdasein zu verbergen, höre ich Sedlacek am anderen Ende der Leitung zufrieden grinsen. Das kann nicht ungesühnt bleiben, und ich frage Sedlacek, wie viel er den beiden Damen für Nächtigung und Extras bezahlt habe, und Sedlacek sagt, zur Strafe erzählt er mir jetzt kein einziges saftiges Detail, nicht eins. Du bist doch so eine Superdenkerin, sagt Sedlacek, denk dir doch was Schmutziges aus, das jetzt, sagen wir mal, nichts mit Windpocken zu tun hat, und ich sag, bitte schnief verzeih mir schnief Sedlacek-Schatzi, und jetzt raus damit, aber pronto.

Schick mir Chantal

Honzo mailt mir ein paar Fotos von seiner neuen Wohnung in Zürich und huhuhu. Es ist so, dass Honzo und ich das Schicksal der Elternschaft teilen, aber, wie die Fotos beweisen, sonst nicht viel. Halt, doch, denn es wurde, wie ich überrascht registriere, in beiden Wohnungen der Couchtisch entfernt und durch ein Trampolin ersetzt; sollten Sie Kinder ab Krabbelalter haben, muss ich nicht erklären, wieso. (Falls nicht: Couchtische machen unschöne Dellen in Kleinkindstirnen; zudem bleibt Ihr Bier sowieso nicht darauf stehen.) Abgesehen davon hat Honzos Wohnung mit unserer beschämend nichts gemeinsam. Weil: So muss man wohnen. So einen makellosen Boden muss man haben; solche Fenster, solche Linden davor, so eine Küche, so muss sie in den Wohnbereich einfließen, so einen Wohnbereich. Solche Stühle müssen vor, solche Blumen auf dem Esstisch stehen. So ordentlich muss es sein. So ordentlich muss es sein.

Honzo weist in seinem Mail darauf hin, dass auf Foto 2, also dem Küchen-Foto, unter dem Baselitz etwas unscharf Max, vier, zu erkennen sei; äh, was? Ah, ja, jetzt sehe ich es: Max sitzt sehr klein und ordentlich auf einem Stuhl; rund um ihn herum stehen Dinge rechtwinklig, systematisch, Kante-auf-kantig, vor allem aber gar nicht. Wäre Max nicht zufällig ins Bild geraten, würde weder Foto 1 (Eingangsbereich), noch Foto 3 (Wohnbereich Süd) und auch nicht Foto 4 (Wohnbereich West) den kleinsten Hinweis enthalten, dass diese Wohnung von einem Kind mitbenutzt wird. Ich maile Honzo, dass sein Appartement schön, schön, beneidenswert schön sei, und Max ist wohl ein sehr ordenliches Kind? Weil bei uns. Das nicht, mailt Honzo, aber Chantal sei eine sehr ordentliche Frau. Richtig, Chantal.

Ich konstatiere dieses Phänomen auch bei den Breussens und den Hofingers, neidvoll. Wie geht das? Zwischen verrückt schönen Antiquitäten und/oder Designermöbeln bleibt dort der wirkungsadäquate Luftraum penibel frei: Wann immer wir diese Wohnungen betreten, liegt ein Minimum von ausgewählten Dingen ausschließlich an den für sie vorgesehenen Plätzen. Nicht, wenn wir die Wohnung wieder verlassen. Ich bemerke eine Tendenz, uns nicht allzu häufig einzuladen.

Denn wir sind schlampig. Bei einem der Kinder vermutete ich kurz eine genetisch veranlagte Ordentlichkeit, quasi von meinem Vater unbehindert auf meine Tochter übergesprungen. Das Kind stellte seine Schuhe reihig und paarweise auf, schloss Schranktüren und benahm sich auch sonst auffällig, beugte sich aber schließlich dem Druck der Restfamilie und verliert nun die Schuhe exakt da, wo sie von den Füßen fallen. Ja, das ist mein Baby.

Das Foto, das ich Honzo dann sozusagen revanchemaile, ist ein Foto von unserer Küche, und Honzo mailt zurück, dass, tja, die seine vergleichsweise unbelebt wirke. Wobei deutlich anklingt, dass er Unbelebtheit unserer Existenzform jederzeit vorzieht. Jaja. Schick mir Chantal, dann tu ich das auch.

Darf ich Sie nach Haus begleiten?

Mein Beschluss, dem Rat jedes Therapeuten zu folgen und meine Wut dort abzugeben, wo sie erzeugt wird, führt dazu, dass ich jetzt nicht mehr nur Mann und Kinder anbrülle, sondern vermehrt Wandanbrunzer und kriminelle Hundebesitzer. Wenn ich sie erwische; was geschieht.

Männer fassen am hellen Tag ihren Penis aus der Hose und urinieren gegen Hauswände, und wie ich einen frage, ob er ein bissl geisteskrank ist, will der Kerl mich hauen und wandersatztechnische Handlungen an mir vornehmen. Der Hundebesitzer, der sein Viech in vollem Wissen um die Rechtswidrigkeit seines Tuns eine städtische Grünfläche bekoten lässt, brüllt *mich* an und schreibt *meine* Autonummer auf, als ich ihn auffordere, seinen Hund samt Scheiße aber dalli aus dem Blumenbeet zu enfernen. Wo sind wir eigentlich? Kürzlich hat sich einer am Ring vor mir aufgestellt und die Hose runtergelassen; nicht: Mantel auf, buhu!, wie man es in der Exhibitionistenschule lernt, sondern richtig Gürtel auf und Hose runter. Du kranke Sau. Die Stadt ist voller Abartiger, eben hat wieder einer auf unseren Spielplatz geschissen. Mitten in der Josefstadt, bitte. Und nein, das war kein Hund, denn die wischen sich nicht mit Papiertaschentüchern ab und lassen sie dann liegen. Scheiße, wohin man tritt.

Der Lange bietet neuerdings Gehsteigkackern an, sie und Waldi heimzubegleiten und ihnen vor die Hausstür zu scheißen. Oder ersatzweise unsere Kinder scheißen zu lassen. Er erzielt damit einen viel besseren Effekt, als wenn ich mit der Polizei drohe; hilfehilfe, ein Verrückter. Denn erstens ist der Lange fiesefressenmäßig im Vorteil, zweitens glaubt ja eh keiner, dass in Wien wegen Hundegaggi tatsächlich die Polizei kommt. Ich für meinen Teil (und ich bin mir im Klaren, dass das für ein paar Alt-Flexler jetzt wie eine ziemlich radikale Weltanschauungskorrektur daherkommt), ich nämlich habe beschlossen, an die Wiener Polizei zu glauben. Ja. Ich glaube, dass die Wiener Polizei nicht länger zusehen wird, wie meine kleinen Kinder durch rechtswidrig deponierten Hundekot waten müssen. Ist doch so? Ich vertraue darauf, dass die Polizei fortan mit adäquatem Engagement gegen Kotrechtsbrecher wie gegen Parksünder einschreitet. Oder.

Mein Vorschlag: Festnehmen, einsperren, strafen. Ruhig auch präventiv: Hundebesitzer anhalten und kontrollieren, und wenn einer keine Kotsackerl mit sich führt: Handschellen und ab in die Zelle. Klingt ein wenig totalitär, zugegeben, aber wir leben doch in einem Land mit selektivem Totalitarismus, und wenn die Regierung die Polizei dazu zwingen kann, rigide gegen Asylsuchende vorzugehen, darf ich als gute Bürgerin mir adäquate Umgangsverschärfungen für Hundskriminelle wenigstens wünschen. Ich wäre aber auch vollumfänglich damit einverstanden, wenn für die Einhaltung des bereits gültigen Gesetzes nachhaltig Sorge getragen würde; inklusiver öffentlicher Demütigung kotaler Rechtsbrecher. Das wäre extrem heilsam für meine Wut.

Bis dass der Tod euch scheidet

Danke der Nachfrage, die Kinder sind wieder gesund. Leider ist eins der Mimis von den Folgen der Windpocken noch immer etwas gemustert, was mir am Spielplatz, im Kindergarten und in der Tram Mutterblicke einbringt, die nicht von Solidarität und Mitgefühl geprägt sind. Ich mache mich eindeutig eines moralischen Doppelvergehens schuldig: Erstens treibe ich ein sichtlich sieches Kind aus purem Egoismus aus seinem Krankenlager, anstatt ihm dort die Stirn zu kühlen, zweitens führe ich hier einen Infektionsherd an der Hand herum, was andere Mütter in absehbarer Inkubationszeit ans Krankenlager fesseln wird. Man weiß gar nicht, was ärger ist. Ich Schwein. Ich überlege bereits, ob ich dem Kind ein Schild mit der Aufschrift GESUND! DREI FINGER AUFS HERZ!!! um den Hals hängen soll, aber das tut eine gute Mutter ja auch nicht.

Wobei die Gute-Mutter-Kriterien vor allem eine Frage des Standpunkts sind, und je tiefer in der Provinz der liegt, desto schlechter werden meine Mutterwerte. Bei jedem Besuch bei meiner Familie auf dem Land wird an zumindest einem Familienessen über das Alter gestritten, ab dem man Kinder in den Kindergarten schicken darf, und darüber, wie lange täglich, und darüber, ob es wirklich notwendig ist, dass eine Mutter vor dem Schuleintritt ihrer Kinder arbeiten geht, vor allem, wenn sie gar nicht muss.

Wobei «gar nicht muss» ja auf dieser idiotisch idealisierten Vorstellung einer Ehe basiert, die hält, bis der Tod euch scheidet, und das, obwohl ja alle Zahlen längst laut und deutlich was anderes sagen: In Österreich gehen 45 Prozent der Ehen in die Brüche, in der Schweiz zwischen 41 und 60 Prozent, kommt auf den Kanton an. Wie ist es möglich, dass es angesichts solcher Zahlen immer noch Frauen gibt, die sich darauf verlassen, bis an ihr Lebensende vom Gatten versorgt zu werden? Welche realistisch denkende Frau kann guten Gewissens ihren Erwerb und ihr Einkommen aufgeben, um sich fortan nur noch Haushalt und Fortpflanzung zu widmen? Was macht sie, wenn der Mann sich lieber einer frischen Gattin widmen möchte?

Dennoch gilt in vielen, vor allem ländlichen Gegenden das Hausfrauen- und Mutterdasein noch immer als das gesellschaftliche Ideal: Dass es die Männer tipptopp finden, wundert mich nicht, dass die Frauen noch immer mitmachen, will mir nicht in den Kopf. Ja, eine Zeit lang ist es für alle bequem: für die Kinder, für den Mann, für die Frau, aber diese Zeit sollte meines Erachtens mit einem rigorosen Ablaufdatum versehen sein. Was alte Freundinnen, seit fünf und acht Jahren zu Hause bei den Kindern, überhaupt nicht finden. Ist doch schön so. Und so viel besser für die Kinder, wenn sich ihre Mutter um sie kümmert. Wobei ich gar nicht wissen möchte, wie viel Zeit so ein voll mutterversorgtes Kind durchschnittlich täglich vor dem Fernseher verbringt, weil nicht mal Supermutter ihr Kind täglich 18 Stunden lang erträgt. Allerdings sind, das gebe ich zu, seine Chancen, dass ihm die Stirn am Krankenlager bis zum restlosen Verschwinden aller Krankheitssymptome gekühlt wird, wesentlich höher. Aber die paar Dippel an meinem Kind heißen nix. Das Kind ist, ich schwörs, ganz gesund. Ehrlich. Ehrlich!

Ein Schwert, bitte

Erzürnte Beschwerden von Honzo aus Zürich; wird er je eine Antwort auf seine elf E-Mails bekommen? Bitte, es waren zwei, trotzdem exküsi Honzo; ich erhole mich gerade vom Geburtstagswahnsinn. Denn die Kinder wurden drei, und auf drei geht's los. Honzo hat einen vierjährigen Max, verzeiht also stante pede, während Horvath, dessen kleiner Horvath erst im Juli drei wird, sich allen Ernstes einredet, das ließe sich im kleinsten Familienkreis erledigen, haha. Ha. Am Tag nach der Geburtstagsparty – zehn Drei- bis Vierjährige plus Personal – stehe ich sieben Uhr früh mit einem Bombenkater in der Küche und versaue einen makellosen Biskuit mit rosa Zuckerguss, Gummibärli und Smarties, denn neben der Haus-Party gibt's auch noch eine Kindergarten-Party. Und hätte meine gute Mutter nicht schon diesen Biskuit vorgebacken, würde ich gewissenlos mit einem Aida-Kuchen erscheinen, finden die Kinder eh leckerer. Nix da, gegessen wird, was Mutter anschafft.

Zum Trost mailt mir Honzo ein Foto, das den glücklichen Max neben einem dieser 350 riesigen Polyester-Bären zeigt, die jetzt den ganzen Sommer über Zürich verschandeln, attached an den resignierten Kommentar, die süßen Kleinen liebten die Bären halt, man könne nichts machen.

Ich sofort senkrecht palmeaufwärts. Nicht, dass zu diesen vermaledeiten Bären nicht schon alles gesagt und geschrieben wäre, aber da packt mich ein quasi schlingensiefistischer Zwang, auch noch aufzuzeigen: Bitte, wir waten zwar bereits brusthoch in abgegebenem Senf, aber meiner fehlt noch, also stillgestanden. Mensch Honzo, mail ich, früher warst du so ein kompromissloser Hund, und jetzt lässt du dich von deinem Kind komplett korrumpieren? Oder was? Man darf sich doch, Kinderentzücken hin oder her, die jahrzehntelang antrainierte radikale Renitenz nicht abkaufen lassen! Da muss man doch dagegen sein, Honzo, dagegen, dagegen und dagegen! So lange, bis kein Bär mehr steht, Honzo! Verrückt, was euch verrückt macht! Honzo? Weil es nichts damit zu tun hat, unterschlage ich Honzo ein bisschen, dass ich meinen Töchtern zum Geburtstag einen Koffer voll Prinzessinnen-Bedarf geschenkt habe, rosa Rüschenkleider, Tülltütüs, Schleier, Schleppen, Krönchen, und einiges hab ich, und auch das erfährt Honzo nicht, mit diesen Händen selbst genäht. War ich nicht mal eine taffe Antichichischistin? Erbarmunglsose Verächterin der Farbe Pink? Und jetzt … Komplett korrumpiert von zwei Dreijährigen. Oder was.

Zu meiner Rechtfertigung könnte ich vorbringen, dass ich in präventiv-psychologischer Tücke handle, um meine Töchter durch eine frühkindliche Mädchenpipapo-Übersättigung zu zupackenden, hantigen Feministinnen zu formen. Alles Vorsichtsmaßnahmen quasi.

Das nun ist ein Problem, das Horvath nicht hat. Horvath schenkt dem kleinen Horvath zum Geburtstag ein Schwert, der haut damit einem auf den Kopf, wird von einem auf den Kopf gehauen, damit ist er ein Mann und seine Sozialisation praktisch abgeschlossen. Jedenfalls braucht er seine Einstellung das ganze Leben lang nicht mehr grundlegend zu ändern, mit etwas Feinjustierung da und dort kommt er locker durch.

Mit Mädchen dagegen … Alles furchtbar kompliziert. Demnächst beginne ich mit dem Pferde- und Ponyterror, sicher ist sicher.

And you´re my Ladyboy

Die Tütüterrortaktik, die ich an meinen dreijährigen Mädels ausprobiere, ist erschreckend erfolgreich. Wie wir letzten Montag lauschig im Volksgarten sitzen, sagt das eine Kind, es muss Lulu und zwar jetzt. Also rase ich pronto mit ihm auf die Toilette, und als es dort sitzt, sieht es an sich runter und fragt, wann es denn nun endlich ein Zipfi kriegt. Ich sag, Mausi, es tut mir leid, du kriegst nie einen Zipfel. Das Kind fängt wie blöd an zu heulen, dass der Anton und der Oskar aber schon ein Zipfi haben, und es will jetzt auch endlich einen. Ich sag dem Kind, dass ich ihm diesen Wunsch leider abschlägig bescheiden muss, weil Mädchen undsoweiter. Riesengeheul, dass sie kein Mädchen ist, sondern ein Bub, ein Bub! und Buben haben ein Zipfi. Also wann jetzt! Sie hört erst auf zu plärren, als ich ihr sag, wenn sie groß ist, kann sie sich eins machen lassen und ein Bub werden, und jetzt raus hier und Hände waschen, gemma.

Diese Sache macht mich gesprächsbedürftig. Aber typisch lacht der Lange nur, und Sedlacek ist in Fragen geschlechtlicher Identität ein suboptimaler Gesprächspartner. Mal abgesehen davon, dass Sedlacek tief im Herzen ein bisserl homophob ist. Nicht auf ideologischer Basis, sondern aufgrund einer strukturellen Inflexibilität; vermutlich anerzogen, auch Transsexuelle machen ihn unglaublich nervös. Höchste Zeit, mich mal wieder mit Lotte zu verabreden. Wir treffen uns im Kent, und da schau her: Die ist total entspannt, hat sich prima mit dem Baby eingelebt, und das Kind ist richtig herzig. (Und auch das Stillen klappt prächtig, was mich kurz in einen weiteren Konflikt bringt, den ich Lotte erspare: Denn soll eine Wienerin in einem türkischen Lokal ihren Busen aus dem Leiberl holen, und sei es zu den lautersten Zwecken? Ist das Integration oder

Überfall? Ich weiß ehrlich nicht, was ich richtig finden soll. Die Tatsache aber, dass Lottes Kind offenbar auf den Namen Frauscheffin getauft wurde, lässt keinen Zweifel über die Hegemonie in Lottes Haushalt aufkommen; Lotte hat allerdings die Illusion, das würde sich nach dem Abstillen oder so wieder ändern. Goldig.

Lotte jedenfalls lacht nicht wegen meinem Problem, grinst aber komisch. Wie hoch sind jetzt zum Beispiel deine aktuell höchsten Absätze?, fragt Lotte, und ich sag, was hat denn das jetzt damit zu tun, elf Zentimeter. Und als Kind wolltest du was werden?, sagt Lotte, und ich sag, tu jetzt bloß mal nicht so altklug, Schatzi. Nicht deppert werden, sagt Lotte, also was. Ein Bub, sag ich. Insofern, sagt Lotte, können wir jetzt auch wieder über wirklich wichtige Dinge reden, also was ist jetzt mit Mizzi und dem Dings. Und ich sag, ja, pudern tun sie, und naja, du wirst es nicht glauben, aber.

Dem Kind hab ich dann Buben-Jeans gekauft, zwei Buben-Shirts und klobige Buben-Sandalen, jetzt ist es erstmal glücklich. Und ich werd es so lange bubenglücklich machen, bis es um ein rosa Kleidchen bettelt. Und das kriegt er dann auch, ja.

Ich leide, also bin ich

In Zürich besuch ich endlich wieder mal die Kathi, und es könnte ein netter Nachmittag werden, aber dann hört die überhaupt nicht mehr auf, von ihrer chinesischen Ärztin zu schwärmen, und wie die bei Kathi eine Kuhmilchunverträglichkeit diagnostiziert hat, und seit sie das weiß und sich danach richten könne, sagt Kathi, sei sie wieder so viel energetischer und alles, und ihre Haut sei jetzt viel besser, da sehe man wieder mal die totale Ignoranz der Schulmedizin, weil ihr Hausarzt wäre auf sowas nie gekommen. Ich sag, daschauher, und wie überaus überraschend es ist, dass eine chinesische Ärztin eine Milchunverträglichkeit diagnostiziert, weil ja bekanntlich alle Asiaten total geil auf Milchprodukte sind, und Kathi starrt mich so an, und dann muss ich bald los, ich muss da noch, bussibussitschüss.

Es ist mir einsichtig, wenn dieser Freund von mir, bei dem kürzlich Leukämie diagnosziert wurde, auf der Suche nach Hilfe, Hoffnung und Halt neben seinem Krebsspezialisten jetzt auch mal eine Heilerin kontaktiert. Das verstehe ich. Ich verstehe es nicht, wenn meine Freundinnen, denen überhaupt nichts fehlt, ständig bei chinesischen Ärztinnen, bei Psychotherapeuten, Kinesiologen, Osteopathinnen, Akupunkteuren und Schamaninnen abliegen, ohne deren regelmäßige Konsultation eine Alltagsbewältigung gar nicht mehr möglich ist. Vom allgemeinen Yoga-Diktat gar nicht zu reden. Kann es sich heute noch jemand erlauben, kein Yoga zu machen? Oder völlig gesund zu sein? Zumindest eine Laktose-Intoleranz, eine Allergie oder einen Candida-Pilz sollte man vorweisen können, obwohl ich vernehme, dass der Candida-Pilz schon wieder voll out sein soll. Das beruhigt mich nicht, denn so muss ich mich demnächst mit einem neuen Freundinnen-

Wehwehchen beschäftigen, das auch in der nächsten „Pschyrembel"-Auflage nicht erwähnt sein wird.

Das nervt. Aber es ist ja unsensibel, die Krankheiten anderer Menschen nicht vollumfänglich zu respektieren. Ein kleines Aua – schon hat man einen Persilschein für hemmungslose Selbstreflexion innerhalb jeder Konversation, was ja sonst, außer unter besten Freundinnen und Frischmüttern, als nicht unbedingt schicklich gilt. Wobei ich jederzeit bereit bin, zehn Stunden mit diesem Freund über seinen Krebs und seine Ängste zu reden. Aber Kathis Milchunverträglichkeitskrise nervt mich schon nach zwölf Sekunden.

Bin ich krank, wenn mir nichts wehtut? Stimmt was nicht mit mir, wenn ich keine Krise und weder Lust noch Zeit für permante Selbstbeschau habe? Ist meine Existenz zu unscheinbar, wenn sie nicht durch ein individuelles Auweh aufmunitioniert wird? Fehlt mir was, wenn ich nicht ständig in Kontakt mit meiner Ärztin stehe? (Tu ich eh, weil es Mutter Urban ist. Aber meistens reden wir nicht über Krankheiten.)

Ich weiß schon: Man soll es mit dem Bloß-kein-Problem-Haben nicht übertreiben. Aufpassen und alles. Man soll zum Arzt gehen, wenn man krank ist und zum Psychotherapeuten, wenn man eine Krise hat. Aber wenn nicht? Dann nicht.

Goodbye Ryan, hello Gaul

„Bist auch schon im Sudoku-Fieber", fragt Mutter Hofinger, als wir, während unsere Kinder den Gastgarten umgestalten, im Kent frühstücken. Ich bin nicht im Sudoku-Fieber. Ich weiß nicht, was Sudoku ist. Das sagt mir, dass ich erstens zu wenig in Gesellschaft bin; zweitens, dass ich mich zu Recht etwa dreimal täglich dafür entschuldige, nicht im zweiten Bezirk zu wohnen. Außer dem Horvath und den Breusses wohnen praktisch alle meine Freunde, natürlich auch die Hofingers, im coolen zweiten Bezirk, nur wir hausen am Ende der Welt in der Josefstadt. In der Spießerstadt, wie unsere Freunde sagen, die uns zur Strafe nur alle paar Monate in unserer Gegend aufsuchen, beziehungsweise an deren Peripherie: knapp außerhalb der Spießerstadtgrenze überm Gürtel, am für Bobos gerade noch erträglichen Brunnenmarkt. Gut, ich übertreibe, aber Fakt ist doch, dass mich, würden wir im zweiten Bezirk wohnen, das offenbar grassierende Sudoku-Fieber wahrscheinlich längst erfasst hätte und ich jetzt nicht wie der letzte Hinterwäldler von einem Schafskäse-Omelette hochglotzen würde. Sudowas?

Nach dem Kent-Frühstück grabe ich im Altpapier nach alten „Standards" und nach zwei Stunden mit einem Zahlenrätsel der Schwierigkeitsstufe „babyleicht" hab ich noch nicht mal das Prinzip verstanden. Blöderweise handelt es sich um jene zwei Stunden Kindermittagsschlaf, in denen sich Horror-Mum sonst zuverlässig in eine entspannte Sing- und Tanz-Sklavin verwandelt. Nicht nach dem Sudoku-Desaster. Nach dem Sudoku-Desaster läßt das Ich-schäme-mich-so-Eis für die Kinder nicht lange auf sich warten.

Das ist pädagogisch höchst bedenklich, und lebte ich in Amerika würde ich längst über ein Anti-Aggressionstraining nachdenken. So aber darf ich meine Überlegungen auf vernünftige Rachemaßnahmen gegen Mutter Hofinger beschränken sowie auf weitere Gewissensbeschwichtung, und da macht meine E-Mailbox dingggg, und Kinderlieder-Gaul schreibt mir, dass er demnächst mal wieder in Wien gastieren wird. Und siehst du, Hofingerin, das ist nun ein Doppelschlag, wie er optimaler praktisch nicht möglich ist.

Denn Gaul wird ja von unseren Kindern wie ein Gottgleicher angebetet, während der Lange und ich mehrmals täglich mit Flüchen nach ihm zielen, weil Gauls Kinderlieder die einzige Musik ist, die in unserer Wohnung die Lizenz zum Ertönen hat. Jetzt, wo die Kinder schlafen, darf ich heimlich ganz leise die neue Ryan Adams hören, aber beim Zapfenstreich heißt es: goodbye Ryan, hello Gaul.

Allerdings wird Gaul seit ihrem letzten sleep-over auch von der Hofinger-Tochter angebetet, und genau das schreibe ich Mutter Hofinger gleich in ein SMS, denn weil Mutter Hofinger keine Horror-Mum ist, wird sie mit ihrem Gör so brav dort antreten wie Horror-Mum mit ihren Gören. Und während alle Kinder vor Freude in die Hose machen werden, wird die Hofingerin exakt so büßen wie ich.

www.gauls-kinderlieder.at

Live aus Sibratsgfäll

Selbstverständlich wird Deppertsein gegen Kranke, Allergiker und Yogalehrer sofort bestraft: In meinem Fall wählte die Natur einen Hexenschuss, der mich schon letzte Woche in einem Bregenzerwälder Kuhstall ereilte. Ich füllte gerade Kübel voll Wasser, um damit, zwecks Erschleichung einer halben Stunde Ferien, ein Planschbecken zu füllen. Peng, aua, aua. Jetzt buckel ich wie Ozzy Osbourne in Babyschritten durch meinen Urlaub; es ist kein schöner Anblick.

Zur Ehrenrettung meiner Kinder muss ich übrigens sagen, dass der Fluch des letztjährigen Italienurlaubs nicht mehr wirkt: im Unterscheid zu bisher haben der Lange und ich diesmal Ferien, obwohl unsere Kinder Ferien haben. Es werden uns zum ersten Mal seit der Elternwerdung wiederkehrende Gelegenheiten zur Erholung zugestanden. Die Kinder bohren steile Bergwiesen hinauf, nerven den Nachbarbauern beim Melken und zeigen uns beim Wandern, was sie von den TV-Werbeblöcken gelernt haben, denn die vielen blau-weiß-roten Schöller-Sonnenschirme, welche die halbkilometerweit entfernte Almhütte da drüben beschatten, bedeuten, wie mich mein Kind informiert, Eis, Eis, Eis und dass sich der halbstündige Fußmarsch dort hinüber also auch für eine Dreijährige lohnt.

Sie spielen mit den Bauernkindern, spucken Käsknöpfle aus, singen in der Seilbahn, retten Schmetterlinge vorm Ersaufen, hoppeln Hasen nach und schaufeln einen Kanal, während ihre Mutter bis zu den Knien in der eisigen Subersach in Sibratsgfäll steht, ein Fohrenburger in der Rechten, die Linke schmerzkalmierend ins Kreuz gestemmt, um die Wirksam- und Sichtbarkeit des Hexenschusses zu kaschieren. Es ist ein bekannter Autor anwesend, man wäre gerne etwas dekorativ.

Nicht, was Sie denken, sondern aus einer angeborenen Gefallsucht heraus, man will halt knietief in einem reißenden Bachwasser möglichst keine schlechtere Figur machen, als, sagen wir, während einer literarischen Veranstaltung in bebautem Gebiet. Schwierig, ohne High Heels und Hosen, nach fünf Tagen Regenwetter. Denn was macht man im Bregenzerwald, wenn es tagelang schüttet, man geht nicht laufen und isst mal bisschen Alpkäse und paar Käsknöpfle und etwas Hirschsalami und die Biowürschtl, die unser Vermieterbiobauer aus seinen Kühen metzgert, dazu den einen oder anderen Subirer, ahi damit, proscht.

Ich wate durch dieses Wasser also ein wenig blasser und speckiger als sonst; und falls es der Autor noch nicht gemerkt hat, mein Kind informiert ihn gerne: Meine Mama ist eine alte Frau, sagt das Kind lustig. Der Lange grinst glücklich, der Autor verlegen, denn er ist zwar gut älter, aber noch lang nicht in jenem Stadium der Demenz, in dem er dereinst Weiber meines Alters für erfrischend und prächtig erhalten halten wird. Ich stottere, haha, das sagt sie wegen meinem Hexenschuss, haha, und dann tripple ich wie Ozzy rüber zu meiner Tochter und flüster ihr mal, wo das Eis herkommt. Und woher nicht, wenn ich sowas nochmal höre.

Dreckige Geheimnisse

Für die zahlreichen guten Wünsche und Ratschläge bezüglich meines Hexenschusses danke ich, es rührt mich, dass mein Wohlbefinden meinen Leserinnen derart nah am Herzen liegt. Wiewohl nicht alle Zurufe frei von einer gewissen sagen wir Häme waren. Frau Doktor M., die im Architekturzentrum ordiniert, diagnostizierte etwa den Hexenschuss als Überreaktion auf die Käsknöpfle, zweifellos ausgelöst durch eine Kuhmilchunverträglichkeit, daran könne laut vedischer Diät, so Dr. M., kein Zweifel bestehen. Sagte ich doch, dass es Rache für meine Freveleien war: Ich sag eh nichts mehr, bitte Gnade. Zwischenzeitlich befinde ich mich wieder im dichter besiedelten Tale und betäube meinen Rücken nach Konsultation einer echten Dr. med. mit brutalen Pharmaschmerzhämmern und täglicher Interferenztherapie, und danke, es geht schon viel besser.

Meine Kinder trinken also nun keine Milch mehr direkt aus der Kuh, sondern wir redekorieren gemeinsam das Haus ihrer Großeltern, das sich dafür anbietet wie sonst keins. All die penibel arrangierten Schälchen, Vasen, Schüsserl und Döschen, all die Deckerl und Mascherl und Flascherl, die gescheitelten Sofakissen, das sorgfältig sortierte Spielzeug … Nie soll hier ein Tisch das dreckige Geheimnis preisgeben, dass auf ihm je gegessen, nie die Küche verraten, dass in ihr je gekocht wurde: Sind diese pick- und grindförderlichen Vorgänge abgeschlossen, werden alle Spuren schlagartig beseitigt. Auch das Grillieren haben meine Eltern nun soweit optimiert, dass es sich vom Kochen nur mehr dadurch unterscheidet, dass es nicht von meiner Mutter erledigt wird. Das Holzkohlegrillen, so informiert Vater Grillmeister, sei wegen des krebserregenden Rauchs unzumutbar: also brutzelt das Grillgut an

Grillabenden auf einem Gasgriller in einer teflonbeschichteten Grillpfanne, denn Grillgut auf Grillrost schmutze entsetzlich, sagt meine Mutter, diese Grillrostputzerei immer, sagt meine Mutter, nein, danke, so eine Grillpfanne ist doch ein Segen, abspülen, fertig. Denn wie alle Grillmeister der Welt ist auch mein Vater nur bis zum Servieren zuständig, die Grillerreinigung obliegt auch bei uns, wie auf dem Planeten Erde üblich, der Frau. Dieses Problem hat meine Mutter gelöst.

Das, was wir während unseres Besuches mit seinem Haus, seiner Ordnung, seiner Rechte-Winkel-Weltanschauung anrichten, bereitet meinem Vater sichtbare Schmerzen. Zwar versichert er mir stets, dass sein Haus noch immer auch mein Haus sei, aber der trauerumflorte Blick, mit dem er *mein* Zimmer beäugt – die Bhs, Unterhosen, Socken und Jeans auf dem Boden, die zerknüllten T-Shirts, das ungemachte Bett – sagt mir, dass er lügt: Gott bewahre mich vor the return of erwachsene Töchter. Wie können, höre ich ihn murmeln, zwei Kinder des gleichen Stamms so unterschiedlich geraten: Stimmt, eine meiner Schwestern staubsaugt ihre Wohnung selten unter drei Mal täglich, und stimmt, ich halte das nicht für ein anzustrebendes Lebensprinzip. Ich halte das für überhaupt kein Lebensprinzip. Mein Vater im Zweifelsfall eher ja. Und wenngleich ich meinen Vater von Herzen liebe, obwohl ich ihm Kummer ersparen möchte, obwohl das hier zweifelsfrei *sein* Haus ist: Ich bin zwar, wie irgendwann angedeutet, schlampert, aber so eine Sau wie hier in meiner Eltern Wohnstatt bin ich normal nicht. Aber erstens hab ich Urlaub, zweitens fühle ich einen göttlichen Auftrag in mir: Es muss in diesem Haus ein kosmisches Gleichgewicht hergestellt werden, wenigstens 14 Tage im Jahr. Meine Eltern fühlen in sich den Auftrag, dieses Gleichgewicht unmittelbar nach unserer Abreise wieder zu kippen. So lebt jeder nach seiner Fasson.

Kuchen ist fertig!

Zwei Sätze, für die sich meine Kinder Eis verdient haben: 1. Ich will nach Hause in mein Wien. 2. Da muss man noch Ei draufstreichen.

Denn in dem Haus der Großeltern, draußen am Land, wo mein Volk dieses formulierte, ist man der Meinung, dass Häuser am Land die einzige Umgebung sind, in der Kinder adäquat aufwachsen können. Alles andere grenzt in den Augen meiner Familie an Kindesmisshandlung: Kinder brauchen doch Auslauf, Frischluft, Natuuuuur! Was machen denn die armen Tschapperl in der Stadt! Müssen zwischen geparkten Autos Fangerl spielen! Kennen eine Ampel, bevor sie je ein Löwenzahn zerpustet haben! Ja, Mama, ja ja ja.

Wobei der verwandschaftliche Naturbegriff meiner bescheidenen Ansicht nach dringend der Überarbeitung bedarf: Denn dort, wo der örtliche Fluss sich lieblich durch die Wälder windet, wo er unter sanften Wasserfällen kühle, klare Stauseen bildet, in denen Kinder glücklich planschen, mit runden Steinen Dämme bauen und sich in schlammige Sandlacken wühlen können, dort gehen meine Schwestern mit ihren Kinder nicht hin. Meine Schwestern haben eine Saisonkarte des örtlichen Freibads, das exakt neben diesen Fluss betoniert wurde, da kann man viel besser zufahren und wird nicht von naturbelassener Unaufgeräumtheit belästigt. Haus, Garten, Auslauf: das so called Kinderparadies, das sind ja keine Auen und Waldränder und Kuhwiesen, das ist fast stets ein kleines, meist penibel rasiertes Geviert, idyllisch eingerahmt von den Rückseiten von Nachbarhäusern, die nicht zwingend in einem Vorarlberger Baukunstführer angeführt sein müssen.

Meine Mutter aber ist sich sicher, dass meine Kinder, wenn sie die Wahl hätten, Folgendes wählten: 1. das Leben auf dem

Lande, mit Haus, Garten, Auslauf undsoweiter, 2. ein Aufwachsen in Gesellschaft einer Vollzeit-Mutter, die ihre Kinder nicht praktisch unmittelbar nach dem Schlüpfen in einem Kindergarten verräumt, um ihren Alltag weiterhin egoistisch vor einem Bildschirm zu verbringen, anstatt mit ihren Kindern am Land und so fort. Meine Mutter sagt das nicht so, aber ich weiß, dass sie heimlich findet, dass meinen Kindern durch ihre traurige Großstadtexistenz elementare Kindheitserlebnisse vorenthalten werden, die sich im Prinzip in einem Satz zusammenfassen lassen: „Kinder, kommt rein, der Kuchen ist fertig!" Nein, meine Mutter zweifelt nicht an meiner Liebe und Fürsorglichkeit, sie hält nur die Verabreichungsform für fragwürdig.

Oder sie hielt. Denn in den letzten Tagen der ersten Oma-Opa-Ferien, in denen meine Kinder zu vernunfthaltigen Aussagen fähig sind, wurde meiner Mutter Kinderweltanschauung nachhaltig erschüttert. Ich will nach Hause in mein Wien, heulte das eine Kind, nachdem es sich das Knie aufgeschürft hatte. Da muss man noch Ei draufstreichen, sagte das andere Kind, während es seiner Großmutter dabei zusah, wie die Kleingebäck aus Blätterteig bastelte. Ja. Und woher weiß es das? Genau.

Ich war das Volk

Willkürlich ausgewählte Beispiele für unglückliche Kombinationen: Sedlacek und Buch, geschmorte Lammhaxe und Kakao, Gehrer und Bildung, eine Zugfahrt in der 1. Klasse und zwei Kleinkinder; ein Konzert der Jon Spencer Blues Explosion und eine achtstündige Zugfahrt mit zwei Kleinkindern in der 1. Klasse anderntags.

Das ist Brutalität, schon ohne, dass der Zug bei Freilassing eine Stunde auf den Gleisen steht. Abgesehen davon wird es immer offensichtlicher, dass die ÖBB Menschen unter zehn nicht mehr in der 1. Klasse haben möchte.

Jaaa, jetzt holen Sie schon zum großen Tststs aus, aber bevor Sie mir die 1. Klasse um die Ohren hauen, hören Sie mich an: Ich hab die 2. Klasse versucht. Ich habe in jeder erdenklichen 2. Klasse-Variation die Acht Stunden-bis-Oma-Distanz überwunden, mit zwei Säuglingen im Stillabteil, mit zwei Krabbelkindern zu sechst im Abteil, mit zwei Stolperkindern in einem komplett mit Gepäck vollgestellten Kinderspielabteil, mit zwei Kleinkindern in einem Zug, in dem trotz entsprechender Reservierung kein Kinderspielabteil mitfuhr, zu sechst in einem Abteil mit den Füßen auf einer fremden Reisetasche. Ich war das Volk, glauben Sie mir. Für die folgende Reise reservierte ich drei Plätze in der ersten Klasse, gut, das kostet, aber schau an, es lohnte sich, wir hatten eine beschauliche Fahrt in einem Abteil, das niemand sonst betreten wollte, die Kinder spielten vergnügt am Teppichboden und schliefen friedlich auf zusammengeschobenen Sitzen. Daraufhin schaffte die Bahn sofort die Abteile in der 1. Klasse ab.

Ich möchte erwähnen, dass es in der 1. Klasse nun zwar einen kommoden Behindertensitzplatz mit Rollstuhlabstellmöglichkeit gibt, gut, aber es gibt keine Sitzgelegenheit mehr, die nur annährend für den mehrstündigen Transport von Kleinkindern geeignet wäre. Es fahren jetzt nur noch offene Wagen, u. a. auch in den bei Familien beliebten Autoreisezügen, die eine Ausdehnung des Koffers auf Kofferraumgröße ermöglichen. Offener Wagen bedeutet: Keine zusammenschiebbaren Sitze, kein Kinderschlaf. Plus: Keine Lärmbarrieren zwischen Kindern und Mitreisenden, und das zwingt mich zu ununterbrochenem Kinderermahnen, sei leiser, krabbel nicht im Gang rum, stimmt, der Mann hat ein Aua, bitte greif nicht hin. Denn ja, ich halte mich zwar, wie in der dieswöchigen „Weltwoche" beklagt, seit der Geburt meiner Kinder für eine Art Alphaweibchen, aber dass mir Kinder und ihre Geräusche davor ungemein auf den Zeiger gingen, hab ich nicht verdrängt.

Unglücklicherweise fröhnte ich der tätigen Erinnerung an dieses Leben ausgerechnet am Vorabend in Feldkirch in der Poolbar beim Jon Spencer-Konzert, bei dem selbst ich irgendwann um Gnade winselte: Ich kann nicht mehr, bitte! Hier verlässt man für gewöhnlich einfach den Saal; nicht bei der Blues Explosion, weil wie die über die Bühne wütete, davon wollte man keine Sekunde verpassen. Raserei. Rock´n´Roll. Wahnsinn. Anschließend Bier und Begeisterung bis zwei Uhr früh; dann Bahn und Buße. Es gibt ja nichts umsonst.

A never ending Wellness-Wochenende

Mein Rücken könnte besser sein. Der Hexenschuss hat sich in einer Zugluft verkühlt, jetzt ist es was Chronisches, das allmählich die Kniekehlen erreicht. Falls Sie von meinen Rückenproblemen schon genervt sind: ich erst. Der Rücken quält mich beim Liegen, Sitzen und Gehen; laufen kommt gar nicht in Frage, und weil ich mich nicht rühre, bin ich lasch, das macht mich bös. Ich grantle mit mir selbst, mit dem Langen, mit den Kindern. Soll ich das müde, greinende Kind am Boden, das sich weigert, aufzustehen und seinen Pyjama anzuziehen, einfach ruhig ins Bett tragen, oder soll ich es anbrüllen und am Arm ins Kinderzimmer zerren? Die Frage entscheidet sich zu Ungunsten des Kindes; ich brülle, das Kind brüllt, ich bin nicht stolz darauf.

Der Rücken ist schuld. Ich war bei Mutter Urban in der Ordination, die hat mich zum Wirbelsäulenröntgen überwiesen, obwohl Mutter Fleischmann einen Spezialisten weiß, einen Wunderheiler praktisch. Mutter Fleischmann weiß stets was. Es gibt Mütter, die haben immer ein Problem, immer geht was schief, immer ist was mit dem Kind: Noch nerviger sind Mütter, die nie ein Problem haben. Nie eins haben, nie eins gehabt haben, wie Mutter Fleischmann. Alles super bei Fleischmanns, jederzeit. Das Kind flutscht in eins Komma fünf Stunden kaum spürbar in die Welt, stößt einen kurzen Schrei aus und ist fortan laut Mutter Fleischmann das unkomplizierteste Kind auf Erden: greint nie, brüllt nie, ist nie krank, dauerlächelt ab dem dritten Lebenstag, schläft ab dem zweiten Monat durch, stillt sich mit sechs Monaten selbst ab, kriegt seine Zähne schmerzlos, kann mit zehn Monaten gehen, ist mit 18 Monaten sauber und verzichtet vollumfänglich auf die Trotzphase. Glaubt man Mutter Fleischmann, ist Mutter

Fleischmann nie gezwungen, ihre Stimme gegen das Kind zu erheben. Der Kindsvater ist ein Heiliger, der, ließe man ihn, sofort seinen Job kündigen würde, um sich 250 Prozent nur um das Kind zu kümmern.

Wenn man Mutter Fleischmann hört, ist Elternschaft ein Wellnesswochenende, das niemals endet. Die mütterrudelüblichen Klagen über zornende, einschlafresistente, anziehunwillige Kinder verwandeln Mutter Fleischmanns Gesicht zuverlässig in eine Fratze elementarer Verständnislosigkeit: Ein Ausdruck, den man ihr – ich bin mir hier des einträchtigen Einverständnisses des kompletten Mütterrudels gewiss – immer mal wieder gerne aus dem Gesicht treten möchte. Ihr Kind nicht, nee.

Stimmt, das Fleischmann-Kind ist ein liebes, lustiges, verständiges Kind, aber wenn es sich im Freibad doch mal trotzig auf den Bauch wirft oder einem andern Kind gewissenhaft den Super-Soaker entwindet, röten sich enthusiastisch die Bäcklein all der von Unperfektionismus gepeinigten anderen Mütter. Zeig es uns, Kleiner. Machs nochmal. Ja, ja, JAAA. Denn Fleischmann-Mütter leiden an einer existenziellen Unfähigkeit, eine Irritation der sie umgebenden Perfektion auch nur wahrzunehmen. Im Unterschied zu einer optimistisch-dialektischen Weltsicht, die für jedes Problem eine logische Lösung findet, weiß der Fleischmannismus nicht, was das Problem sein soll. Gut, ich gestehe – ein bisschen davon käme mir jetzt durchaus gelegen: Mein Rücken? Welcher Rücken? Was soll damit sein?

Nicht jetzt, nicht dann

Ausgerechnet Sedlacek fragt mich, wie ich das Buch finde: Sedlacek war drei Wochen in den Ferien und hat eins gelesen, und der Triumph, dass ich es nicht kenne, verleitet ihn zu täglichen Nachrichten des Inhalts «und?» und «nun?» und «Wie findest dus?», die ich ausweichend beantworte. Weder hab ich es gelesen, noch hab ich es erworben, noch will ich es erwerben, denn Sedlaceks telefonische Kurzrezension enthielt die Andeutung «ein bisschen wie Javier Marias», und von Javier Marias hab ich mal zehn Seiten gelesen, und tut mir leid. Ich will Sedlaceks Buch nicht lesen, ich will Philip Roth lesen, Paul Nizon und Ruth Schweikert, aber ich stehe im Garten von Mutter Bösch, und wir schaukeln die Kinder.

Einen ganzen Urlaubsmonat lang versuchte ich, den Kindern das Selberschaukeln beizubringen, was sie so konsequent verweigerten wie den Kursus «Selber aufräumen» und das Seminar «Haarewaschen ohne Geschrei». Höher, Mama. Soweit ich weiß, gibt es nur eine Muttersache, die noch elender ist als stundenlanges Anschaukeln, aber das sagt Ihnen Sissi Fischer selbst, bitte Sissi: Hallo, ich bin Sissi Fischer, 36, sechs Jahre lang hab ich Architektur studiert, dann in verschiedenen Büros gearbeitet, zuletzt machte ich für ein großes Büro mehrere Wettbewerbe, war für die Bauleitung von zwei Projekten verantwortlich, entwarf in meiner Freizeit das neue Feuerwehrhaus meines Heimatdorfs, und derzeit liege ich jeden Abend neben meiner acht Monate alten Tochter im Bett, mache ihr zum Einschlafen den Busenschnuller, starre stundenlang ins Dunkel und verfluche die Evolution, die nur Müttern Brüste zugedacht hat und Vätern nicht. Danke Sissi.

An dieser Stelle fällt mir wieder einmal auf, dass ich nicht im Bevölkerungsmittel according to Privatfernsehen lebe, das ja voll ist von Bastelfamilien: Erstaunlicherweise bin ich von ziemlich vielen intakten Vater-Mutter-Kind-Systemen umgeben, was vermutlich daran liegt, dass unser Erstgebäralter auch nicht im Bevölkerungsmittel liegt, aber massiv darüber. Wir sind alt. Verliebt, seitenverliebt, und getrennt haben wir uns früher, so wie Mutter Bösch, die ich auch schon seit 20 Jahren kenne: Wir wurden im gleichen Biotop erwachsen, sie studierte, ich dilettierte, abends trafen wir im Spunten zusammen. Und so wie ich versuchte sie ab etwa 33 ihrem langjährigen Schatz immer wieder die Unvermeidlichkeit eigener Kinder begreiflich zu machen, «nicht jetzt, Schatz, aber dann einmal», und der Schatz sagte: «Nicht jetzt und nicht dann und basta». Einmal tat er das am Tresen in Gegenwart eines befreundeten Möbeldesigners, der daraufhin die unvorsichtigen Worte «Warum denn nicht?» sprach und nicht lange danach der Vater von Mutter Böschs erstem Sohn wurde; ein zweiter folgte bald. Nun sind sie eine intakte, zufrieden wirkende Familie, wohl auch deshalb, weil der Designer ohne Brüste ist, die er abends in seiner Söhne Mäuler hätte versenken müssen. Sondern er entwarf in seinem Atelier ein Sofa, einen Tisch, ein Restaurant und eine Büroetage, während Mutter Bösch ihre Stelle als Psychiaterin am Universitätsinstitut für klinische Psychologie einer Vertretung überließ, um ihre Söhne zu säugen und anzuschaukeln. So lebt jeder nach seiner Natur. Außer Sedlacek, der liest.

Lieber leb ich hier

Nein. Nein. NEIN! Eins noch, sagt das Fräulein Kaiser, das eine herkunftsbedingte Sturheit eingebaut hat, aber das hab ich auch. Nein. Ich bin alt, ich bin müde, ich will heim. Und ich hab zwei Kleinkinder, die in, wie spät ist es?, sechs Stunden mein Bett entern werden. Aber das sag ich nicht, denn es gilt als uncool, die Kinder anzuführen, um den Ruin der Reputation zu rechtfertigen, um zu beschönigen, dass man nichts mehr verträgt und gegen Mitternacht den Tunnelblick kriegt, und der Tunnel führt direkt ins Bett. Bittebitteschlafenbitte. Ja, ich bin auch schon früher nach verzechten Nächten um halb sieben aufgestanden, doch mit einem Wecker kann man verhandeln, aber wenn ich dem Kind auf den Kopf hau, damit nochmal zehn Minuten Stille sei, hat das einen gegenteiligen Effekt. Immerhin stehen sie jetzt selber auf, hoppeln in unser Schlafzimmer und kriechen still zu uns unter die Decke, und abgesehen von den spitzen, kleinen Ellbogen und Knien, die sie einem in die Rippen rammen, merkt man sie kaum. Aua, Kind! Schuligung, Mama. Dabei hab ich noch Glück: Um halb neun rief die Babysitterin am Handy an, sorry die Störung, aber die Kinder behaupteten mit Nachdruck, dass sie zum Schlafen keine Windeln mehr brauchen, stimmt das? Stimmt nicht, danke der Nachfrage, weil wenn nicht, hätten sie sich gegen vier angebrunzt und durchs Babyfon gebrüllt, dass alles nass und grauslich sei, und ich hätte aufstehen und mit einem Bombenkater das Bett frisch überziehen müssen … Lieber der Ellbogen. Dennoch: Nein, Kaiserin, heim.

Dabei, ich gebs zu, ist es ein Abend, der sich Zelebration und Akklamation verdient hat: Die Luft ist lau, das Bier ist kalt, und ich bin soeben beim Will-Oldham-Konzert angeschwitzt worden. Und wenngleich ich das Angeschwitztwerden für etwas halte, das in der Vergangenheit und in Veteranenlegenden (weißt noch? Nirvana in der Arena!) prima aufgehoben ist, macht es mich diesmal ungemein froh. Weil Entschuldigung, Will Oldham, kennen Sie den? Wissen Sie, was der spielt, wie der ausschaut und wie der auf der Bühne steht? Sagen wir so: Er ist nicht direkt der Robbie Williams der Country-Folk-Szene. Er sieht aus wie der Almöhi an einem eher unrunden Tag. Aber er macht unglaublich schöne Musik, leise, rumpelige, schüchterne Songs, die sich zart zubischmieren und einem dann, wenn man den Text kapiert, die Ellbogen reinrammen. Das letzte Mal als ich Will Oldham sah, spielte er mit dem Rücken zum Publikum in einem Zürcher Spunten von der Größe der Loos-Bar, und ich hatte noch Platz für einen Purzelbaum, theoretisch. Im ausverkauften WUK standen, ich weiß nicht, achthundert oder so Leute und schwitzten sich glücklich an.

Und ich meine: Eine Stadt, in der sowas möglich ist, in der so viele Leute sowas zu schätzen wissen, so eine Stadt kann wohl nicht ganz schlecht sein. Lieber leb ich in so einer Stadt. In so einer Stadt schlafen kleine Kinder sicher bis acht … Alsogut, Kaiserin, eins noch. Aber nur eins. Dann renn ich.

Lobet den Herrn

Lobet den Herrn, der gestern bei der Kinderärztin allein mit seinem kleinen Sohn im Wartezimmer saß, zwischen acht Müttern, die ihn misstrauisch beäugten: Wie merkt ein Vater, dass ein Arztbesuch notwendig ist? Wieso weiß er von Mutterkindpassuntersuchungen und Impfungen? Wie konnte er wissen, wo der Impf- und der Mutterkindpass liegen, und dass etwas Derartiges überhaupt existiert? Lobet den Herrn.

Lobet den Herrn, der als einzige erwachsene Person nicht weiblichen Geschlechts am Spielplatz seine beiden Töchter beaufsichtigt. Und lobet den Herrn Horvath, den der Lange jeden Morgen im Kindergarten antrifft und ich jeden Nachmittag: Vater Horvath bringt und holt den kleinen Horvath, damit Mutter Horvath die einzige Kindergartenmutter sein darf, die nicht die geringste Ahnung hat, wo die Patschen ihres Sohnes wohnen. Denn die Horvath-Mutter heilt Kranke, während der Horvath-Vater Vater ist.

Lobet den Herrn, der mit Mutter Schwarz, die einen Sohn hat, noch einen Sohn hat, und der mit beiden Söhnen zwei Wochen zum Zelteln nach Kärnten fuhr: Es war ihm egal, was seine Frau mit ihrer freien Zeit machte, es brauchte nicht zwingend was Vernünftiges sein, und das war es auch nicht; lobet den Herrn.

Lobet die alleinerziehenden Väter, und jene, die statt der Mütter bei ihren Kindern zu Hause bleiben, sie in die Schule bringen, für sie kochen und mit ihnen Hausaufgaben machen, und lobet jene, die in Karenz gehen. Und lobet auch die, die ihren Vatermonat tatsächlich mit ihrem Kind verbringen. Anders als David in Zürich, der sich in einem Mail bitter darüber beklagte, dass er gar keine Beziehung zu seinem nagelneuen Baby aufbauen könne, ständig hänge es an Natalie und Natalie an dem Baby, er komme an das Baby gar nicht ran. Ich glaube, dass es ihm nicht ums Baby geht, sondern dass er eifersüchtig ist auf die Natalie-Baby-Beziehung, aber Natalie hat dann offenbar gemeint, Davidli, nimm dir doch einen Vatermonat frei und kümmere dich mal ganz um die Kleine, rund um die Uhr, das macht eine schöne Vater-Kind-Beziehung, und ich kann mal wieder ein bisschen arbeiten. Das fand David spitze, und er nahm sich alsbald frei, aber leider ging sich dann nur eine Woche aus, denn als junger Unternehmer, wie David einer ist, kann man sein Geschäft nicht so lang unbeaufsichtigt lassen. Während der Vaterwoche nahm er das Baby vier Vormittage lang mit ins Büro, und brachte es an den Nachmittagen zu seiner Mutter, und am fünften Tag ließ Natalie das Arbeiten wieder sein, damit David mal ein bisschen Sport machen konnte, denn wann hat ein Unternehmer dafür schon mal Zeit.

Lobet aber all jene Herren, die nicht David sind, sondern mit ihren Worten und Taten Zweifel in mir schüren, ob ich wirklich Recht habe mit meinem Lamento, die Welt sei ein für Frauen ungerechter Ort, und kein Mann habe Interesse, das zu ändern. Gelobt seien diese Herren: Sie sollen zahlreich die frohe Botschaft in die Welt säen, auf dass sie Früchte trage, danke.

Wie ich Bürgerin wurde

Kürzlich marschiere ich des Abends ganz allein gegen Wolfs feines Restaurant, da kommt mir der Chelsea-Othmar entgegen, und Mensch, den hab ich lang nicht mehr gesehen, was heißt, Jahre. Die Freude ist also ganz meinerseits, und die Begegnung mit einem Wirt aus meinen früheren Tagen kitzelt die in mir ruhende anarchistische Veranlagung wach, und ohne Rücksicht auf die Straßenverkehrsordnung quere ich die Straße, die zwischen mir und dem Othmar liegt und werde sogleich mit einer sauber gewaschenen Standpauke empfangen, ob ich narrisch geworden bin, es ist rot! Rot! Überqueren verboten! Und während ich mich noch frage, bemerke ich die Neunjährige an Othmars Seite, und natürlich, das ist seine Tochter und der Othmar tut, was ich auch tue, wenn ich mit meinen Kindern an einer roten Ampel stehe, er schickt praktisch jeden schnurstracks ins Gefängnis, der etwas derart Kriminelles anstellt, wie bei Rot über die Straße zu gehen. Böse Frau. Böse, böse Frau.

Denn während wir älter oder Eltern werden, gehen uns noch die letzten Reservate der Alltagsdissidenz verloren: Früher waren wir mit Stolz pflichtvergessene Bürger, gingen partout bei rot über die Ampel, waren nach zehn im Schanigarten vorsätzlich lustig und laut, trennten unseren Müll grad extra nicht – denn warum soll das Individuum für die Öko-Sauereien der Megakonzerne büßen? –, fuhren in der U-Bahn auch aus politischen Gründen allerweil schwarz, und heute? Wir warten bis es grün wird, auch wenn das nächste Auto, das dereinst diese stille Gasse entlang fahren wird, gerade erst in Bau ist. Wir nehmen uns den Nachbarsburschen schon am zweiten Tag sturmfrei vor die Brust und drohen ihm mit der Kieberei, wenn noch einmal um ein Uhr Früh eine Bierflasche vom Balkon fällt. Wir werfen jedes Petflaschi einzeln durch das dafür vorgesehene Container-Loch, während unsere Wohnungen nach verfaulendem Kompost stinken. Und in der Tram freuen wir uns jedes Mal heimlich, wenn endlich mal ein Schwarzkappler einsteigt, denn wozu führen wir stets eine Jahresnetzkarte mit uns, gut sichtbar im dafür vorgesehenen Geldbörselseinsteckfach?

Aber typisch: Früher mussten wir permanent rennen, heute kommt nie einer. Und wahr ist, dass wir uns die Netzkarte auch nicht nur wegen der anstrengenden Rennerei zugelegt haben: Im Zuge der der der – nennen wir es freundlich Verbürgerlichung –, im Zuge unserer Verbürgerlichung also und, so wir Eltern sind, auch als Nebenwirkung unserer Einfindung in die ungewohnte Rolle des Vorbilds, erfasste uns eine eigentümliche Lust an der Mitverantwortung am gesellschaftlichen Ganzen. Wir sind jetzt auch Bürger; und bitte nicht die schlechtesten. Weshalb es mich gar nicht mehr wundert, wenn ich, wie letzten Mittwoch, zufällig Zeugin werde, wie sich Mutter Ruzicka und Vater Schmidt mit ihrer Zweijährigen heimlich aufs Standesamt schleichen, nachdem sie hundert Jahre in trautem Konkubinat zusammengelebt haben. Die haben jetzt auch eine Netzkarte, ich trau mich wetten.

Mit mir kann mans ja machen

So fertig sind wir, dass wir den Kindern zu den Rädern, die wir ihnen im Frühling zum Geburtstag geschenkt haben, jetzt noch mal Räder kaufen. Denn wir wurden in den 1970er Jahren sozialisiert, glauben also an das Pedal und an die logische Trilogie Dreirad-Roller-Fahrrad, und falsch, heute sind keine Pedale ein Statussymbol. Der prestigebewusste Dreijährige von heute fährt ein Laufrad, das ist schneller und gefährlicher, und man ruiniert sich das Ansehen nicht mit peinlichen Babystützrädern. Zudem brach eins der geil billigen Räder vom Brunnenmarkt letzte Woche praktisch auseinander. Laufräder mussten also her, und wir sind nicht nur fertig, wir sind noch fertiger, wir kaufen nicht nur ein teures blaues Laufrad für das Bubenmädchen, wir legen noch was drauf, damit das Prinzessinnenmädchen in rosa Rad laufen kann, das kostet 15 Euro extra, aber mit so kaputtkorrumpierten Deppen wie uns kann mans ja machen.

Denn natürlich wissen heutzutage schon die Dreijährigen, dass sie vom schlechten Gewissen ihrer Eltern prima profitieren: Du gehst schon wieder aus? Krieg ich einen Lufy-Pyjama? Es heißt Goofy und: nein. Plärr. Nein. Plärr. Schatz, ich muss jetzt gehen, Susi ist bei euch. Plärr. Ich bin ja wieder da, wenn du morgen aufwachst. Heul und schluchz. Na gut, wenn du jetzt zum Schreien aufhörst … vielleicht gibt's morgen einen Goofy-Pyjama. Tschüss, Mama.

Wenn Sie jetzt glauben, ich sei eines dieser typischen Mütter-Monster, die ihre Kinder mit Geschenken überhäufen statt mit Zeit und Ansprache, dann falsch: Ich war am Wochenende nicht nur aus, ich hab auch unzählige Bücher vorgelesen, darunter ein paar richtig miese, ich weiß gar nicht, wo die Kinder den Schund immer herkriegen. Ich hab Lego-Garagen gebaut, gepuzzelt und gesungen. Ich ließ mir einen Brief an die Cousinen diktieren und verzierte ihn dilettantisch mit Stempeln, damit es so aussieht, als hätten es meine begabten Kinder gemacht, worauf meine Schwester sowieso nicht reinfällt. Und ich war am Dschungel-Fest im Muqua, mit den Breusses; infolge eines dieser typischen Sonntagvormittagstelefonate. Was macht ihr am Nachmittag? Wir gehen aufs Dschungel-Fest, da gibts Kinderschminken und Tanzen und so Sachen, wird sicher nett. Nett, bist du fertig?, das wird furchtbar! Eh, aber den Kindern wirds taugen. Gut, wir sehen uns dort.

Wir tuns für die Kinder, wir lieben die Scheißer halt, wenn auch nicht so demonstrativ wie jene Väter und Mütter, die ihre Babys auch noch am Abend mit auf die Party nehmen, wo sie sie engagiert herzen und küssen und rumtragen, und inmitten der knietief wabernden Liebe übersieht man beinahe, wie dicht auch der Rauch wabert, dass es ein Uhr früh ist und dass ein DJ am Werk ist, der wie alle Djs dazu neigt, die Grenzen der Anlage auszutesten, wumm, wumm, wumm. Lauter Sachen, die meiner Ansicht nach für Erwachsene erfunden wurden: Wer sein Kind liebt, lässt es am Abend zu Hause. Im Bett. Es gibt nämlich Babysitter. Und Goofypyjamas.

Den Caterpillar bitte in rosa

Gestern teilt mir mein Prinzessinnenkind mit, sie hätte auch gern so einen Schaufelbagger und dieses Werkzeugset wie ihre Schwester, aber bitte beides in rosa. Tja. This one goes out to the Spielzeugindustrie: Es gähnt hier eine monströse Marktlücke. Denn die meisten modernen kleinen Mädchen sind emanzipiert genug, um keinen Unterschied zwischen Mädchen- und Bubenspielzeug zu machen; wenn möglich aber eben in ihrer Lieblingsfarbe.

Mir scheint, dass die Rosa-Neigung bei kleinen Mädchen in letzter Zeit extrem zugenommen hat, was erstens daran liegen mag, dass ich erst seit letzter Zeit kleine Mädchen habe. Zweitens an der Kleinemädchenbekleidungsindustrie, die keine Nachfrage unbeantwortet lässt. Drittens an Müttern wie mir: Erfahrene Kampfempanzen, die gern in Uniformen aus schwarz, braun und denim aus dem Haus gehen, weil sie sich in mauve, mint und rosa schutzlos fühlen. Diese Frauen finden, rosa sei keine Farbe für eine Erwachsene (und schon gar nicht für einen Erwachsenen, wenn ich das wieder mal anmerken darf), sondern ausschließlich was für kleine Mädchen, und kaum haben sie so eins, klatschen sie ihm ihre unterdrückten Sehnsüchte um die Ohren und panieren es in rosa von oben bis unten.

Es sei denn, es wehrt sich dagegen, wie mein anderes Mädchen, das rosa hasst und nicht mal eine rosa Unterhose akzeptiert. Weg weg weg. Weggg! Diese Tochter, 3, möchte, ich erwähnte das schon, ein Bub werden. Es bedurfte langer Gespräche, in denen ich tief in meinem verbalen Kampfemanzen-Repertoire wühlen musste, damit wir uns schließlich darauf einigen konnten, dass sie, wenn schon kein Bub, dann halt ein Bubenmädchen ist.

Mädchenbuben kenn ich übrigens keine. Vielmehr bemerke ich, dass die meisten kampfemanzipierten Bubenmütter in meinem Freundinnenkreis mir aus den dargelegten Gründen zwar mein rosa Mädchen neiden, aber ihre Buben erziehen sie unbeirrt zu Buben: Schon den Babys ziehen sie konsequent bubenfarbene Bubensachen an. Sie reagieren auf ihre brutalen Raufereien ungerührt bis stolz, denn man darf die natürliche Wildheit von Buben nie nicht unterdrücken, sonst drohen fatale entwicklungspsychologische Konsequenzen. Und läuft Söhnchen bei uns doch mal mit Tülltütü rum, werden sie unruhig: Sollten sie sich vielleicht über frühkindliche Homosexualität schlau machen?

Kommt aber praktisch eh nie vor. Als meine Kinder ihre neuen Laufräder auf dem Spielplatz vorführten, schwoll sogleich der „Darf-ich-auch-mal"-Chor an, und ausnahmslos alle Buben stritten sich um des Bubenmädchens blaues Rad, während Prinzessin völlig unbehelligt auf ihrem rosa Radl über den Platz kurvte: Kein dreijähriger Bub würde seinen Popsch an einem rosa Sattel kontaminieren, um fortan in ewiger Schande zu leben. Puppenwagen im Spiderman-Design und Camouflage-Krönchen kann sich die Spielzeugindustrie also vorläufig sparen. So emanzipiert sind die modernen kleinen Buben leider nicht.

Ihr wollt ja doch immer die ruppigen Viechermänner

Meine jüngste Klage über den traurigen Mangel an Mädchenbuben im Kleinkinduniversum meiner Kinder produzierte Widerrede: Gar nicht wahr!, protestierte zahlreich meine Leserschaft, wir nämlich haben einen Mädchenbuben, hier ein Foto! Diese erfreuliche Korrektur meiner pessimistischen Weltsicht stimmt mich über alle Maßen froh.

Interessant besonders die Zuschrift von Frau G., die von einem ihrer drei Söhne erzählte, der habe im Kindesalter mit Vorliebe rosa Pullis mit Kätzchen drauf getragen, sei vor allem mit Mädchen befreundet gewesen, habe das Spiel mit Puppen und Puppenwagen geliebt, und sie habe dem Buben, schreibt Frau G., an Mädchen-Spielzeug geschenkt, was er sich wünschte. Von seinen Brüdern sei er zwar hin und wieder gehänselt, im Prinzip aber akzeptiert worden. Das hör ich gerne. Im P.S. schreibt Frau G. dann, der Bub sei mittlerweile erwachsen und glücklich schwul, das sei aber, wie sie ausdrücklich betont, reiner Zufall.

Diese Betonung nun interessiert mich: Denn was macht Sie so sicher, Frau G.? Die Debatte, ob Homosexualität veranlagt oder selbstgewählt ist, tendiert ja schon seit längerem Richtung angeborener Veranlagung (außer jetzt mal bei religiösen Fundamentalisten, die Homosexualität ja immer noch für heilbar halten), und diesem Sinn wäre die Koinzidenz von Mädchenbub und schwulem Mann vielleicht so zufällig nicht. Wobei der „Mädchenbub“ natürlich eine viel zu schlichte Konstruktion von mir ist und den Sachverhalt unzulässig verkürzt; im Prinzip gehts ja auch hier nur um tradierte Sozialisationsrituale und seit Jahrtausenden überlieferte – und eben teilweise längst überholte – Zuordnungskriterien; es ist die Farbe rosa im Verbund mit kreativen und sozialen Interessen nun mal weiblich konnotiert, das Schwert, das Auto und der Hang zu Destruktion aber pickt fix an den Männern. Ich würde Frau G. also gerne zustimmen, ich würde es begrüßen, wenn immer mehr Mädchenbuben zu heterogen sozialisierten heterosexuellen Männern heranwachsen und so auch für die heterosexuellen Frauen sozusagen nutzbar würden.

Aber ich befürchte, das ist Utopie. Und natürlich werden jetzt wieder alle Männer schimpfen, dass wir Weiber so einen ja dann gar nicht wollen, weil wir uns am Ende dann doch immer für die ruppigen, struppigen Viechermänner entscheiden, und nie für die feinsinnigen Frauenversteher. Jaja. Aber ich versuche ja hier sozusagen die Mischform zu propagieren und dabei auch die derzeitigen Kleinbubenmütter in die Pflicht zu nehmen, aber auch da: falsche Adresse.

Mutter Müller zum Beispiel. Selbstverständlich unterstützte Mutter Müller ihren vierjährigen Felix vergangenen Februar in seinem Wunsch, sich fürs Kindergartenfaschingsfest als Prinzessin zu verkleiden. Und selbstverständlich tut er sowas nie wieder, weil die anderen Buben natürlich dafür sorgten, dass Felix aller Interventionen der Kindergartenpädagoginnen zum Trotz am Ende verstört und als Felix nach Hause ging, das schöne Prinzessinnenkleid verknüllt in einem Sack. Und was soll ich jetzt deiner Ansicht nach tun, sagt Mutter Müller, wenn schon die Vierjährigen solche Chauvinistentrotteln sind, und ich weiß es ehrlich gesagt auch nicht.

Ich erklär dir jetzt mal was

Endlich Zürich. Und, tralala, es ist noch Sommer, und ich hab ein Velo, und, das muss mal gesagt sein, ihr Zürcher wisst ja gar nicht, was ihr an eurem See habt. Weil anders kann ich mir nicht erklären, dass ich an einem 29-Grad-Freitagnachmittag in der Badi Enge noch ganz locker Platz für mein Handtuch finde, und dann zack in den See köpfeln und auftauchen, und durch die weißen Bootsmasten sieht Zürich für einen Moment aus wie die herrlichste Konglomeration der Welt. Aber ich lebe ja sonst in einer Stadt, deren Zentrum kilometerweit von jenem Gewässer entfernt ist, das als «schöne blaue Donau» überaus lügenhaft beschrieben ist, denn die Donau ist, auch bei vorteilhaftesten Lichtverhältnissen, reißend und graubraun.

Ich wohne bei Haemmerlis Liebster, die Haemmerli in einer Weise verwöhnt, dass ich mir um Haemmerlis Korrumpierungsgrad Sorgen mache. Dem gehts irgendwie zu gut. So gut sollte es Männern nicht gehen. Am Vorabend um eins, als logische Müdigkeit mich überfiel, hat Haemmerli mich als langweilige Hausfrau verspottet, aber dann ist es elf Uhr mittags, und er schnarcht noch immer im prachtvollen Schlafgemach seiner Liebsten. Während unsereins schon seit Stunden durch der Liebsten Wohnung mäandert und ihren Kühlschrank plündert, angesichts dessen Inhalts ich mich über Haemmerlis neue Gemütlichkeit nicht wundere. Dem gehts entschieden zu gut, was durch eine Klage bestätigt wird, von der Liebsten am Sonntag beim Frühstück formuliert. Sie langweile sich, klagt die Liebste. Nie werde weggefahren am Wochenende, nie was unternommen. Blödsinn, brummt Haemmerli hinter seiner Zeitung hervor, wir unternehmen doch eh ohne Unterlass. Die Liebste: Was? Haemmerli: Dies und das, immer. Die

Liebste: Ja, ich koche, und du isst. Haemmerli: Und was passt jetzt daran nicht?

Ähnlich dachte er vermutlich zwei Tage zuvor in der Hummerbar, denn nachdem mich Haemmerli dort einen Abend lang mit allerlei Meeresgetier und rotem Wein glücklich gemacht hatte, hub er zu einem Vortrag an, der viel Wahres enthielt, leider auch entschieden zu oft die Worte «Warte, ich erkläre dir das jetzt mal». Nicht gut, am Donnerstagabend einer Woche, in der Handwerker meine halbe Wohnung auf der Suche nach einem Wasserschaden aufgruben, in der die Kinder extra anstrengend waren, in der ich vor lauter Arbeit nicht zum Fernsehen kam und vor lauter Zahnschmerzen nicht zum Schlafen, was sich wiederum nur durch eine Wurzelbehandlung unmittelbar vor dem Zürich-Flug entschärfen ließ. Nach so einer Woche soll man mich nicht belehren; und ich rannte aus dem Restaurant und hockte dann schmollend davor auf den Stiegen, Arme um die Knie, und seien wir mal ehrlich, so was mag bei 20-Jährigen reizend wirken, aber in meinem Alter ist das total lächerlich. Was mir trotz der Dolocod-Rotwein-Mischung noch bewusst war, aber wie kommt man aus so einer saudummen Situation wieder raus? Immerhin: Ich bin nicht davongelaufen. Nein, ich raste mit dem Velo davon, aber Haemmerli zum Glück hinterher, sodass wir schließlich auf seiner Liebsten Terrasse zu hocken kamen und bei mehr Rotwein uns versöhnten. Irgendwann fiel ich wohl um, aber außer Haemmerli und der Liebsten hats keiner gesehen.

Ich glaub, ich hab sicher abgesperrt

Wieder einmal scheitern wir an der Idee der modernen Konzeptfamilie: Wir sind bei den Horvaths zum Essen; alles läuft gut. Ich bin eine coole Mutter, die sich mit Mutter Horvath über die Arbeit unterhält, der Lange ist ein cooler Vater, der mit dem Horvath Backofenmodelle diskutiert, die Mimis sind coole Kinder und rennen nackig und kichernd mit dem kleinen Horvath durch die Wohnung, alles ist prima im Flow, und als wir uns zum Tisch setzen wollen, macht das Bubenmädchen Mäuse. D i e s e r Stuhl muss es sein (gehört dem kleinen Horvath, nicht verhandelbar) und d i e s e s Besteck (gleichfalls) und d i e s e r Becher (same same), und weil wir d i e s e s Theater derzeit von Unterhose am Morgen bis Polsterbezug am Abend alle Tage durchspielen, zuck ich ansatzlos aus, brüll sie nieder, setz sie brutal auf einen Stuhl, von dem sie sich runterzappelt, kreischend, zerre sie am Arm aus dem Zimmer, schieb sie ins Vorzimmer, knall die Tür zu und lass sie draußen heulen, während drinnen am Tisch betreten geschwiegen wird. Beziehungsweise: Der Lange ist, wie in solchen Fällen üblich, wie gar nicht da, gehört nicht zu dieser Familie, hat mit der furchtbaren Frau und dem nervigen Kind nichts zu tun. Das fällt nicht in seine Zuständigkeit, wie Kinderarztterminausmachen und Babysitterorganisieren.

Vollumfänglich verantwortlich fühlt sich der Lange für unser Auto, womit ich nicht andeuten möchte, dass es vor den Kindern käme. Er übersieht beim Auto nur keine Termine, weder den Winterreifenwechsel, noch den 25 000 Kilometer-Service, das hat er einfach intusser als, nur zum Beispiel, den Kindergarten-Elternabend, wo ich, was auch mich erschreckt, grundsätzlich eine halbe Stunde zu früh antrete. Dort nämlich: Streber-Mum, allzeit engagiert, der Grusel aller Kindergartenpädagoginnen. Während beim Langen die Worte «morgen Elternabend» einfach nicht haften bleiben.

Beim Auto aber hat der Lange ein naturgegebenes Gespür für Notwendigkeiten. Ich ahne, dass es am Testosteron liegt, obwohl der Lange normal auf testosteronelle Primärimpulse wie Fußball, Baumarkt und Formel eins wie ein Mädchen reagiert, nämlich gar nicht. Aber seit wir Kinder und infolgedessen unser erstes Auto haben, hat er sich verändert.

Irgendwie ist er zum Mann geworden. Er macht so Männerdinge, wie das Autoabsperrritual, auf das mich Manu kürzlich aufmerksam gemacht hat. Denn Frauen stellen das Auto ab, sperren zu, gehen; Manu macht es so, Mutter Horvath macht es so, ich mach es so. Der Lange macht es wie alle Männer: Er sperrt ab (Zentralverriegelung auf Schlüsseldruck, kkkrrrk), dann geht er rund ums Auto und kontrolliert, ob alle Türen verschlossen sind. Die zweite Männervariante ist absperren, zehn Meter gehen, umkehren, kontrollieren. Sicher ist sicher. Man weiß ja nie.

Seit kurzem fahre auch ich unser Auto, was den Langen nur selektiv erfreut, und praktisch jedes Mal laufe ich danach die sechs Treppen zu unserer Wohnung wieder runter. Weil, der Lange: Hast du das Auto abgesperrt? Ich: ja. Der Lange: ja? Ich: Ich glaub schon. Der Lange: Wie, du glaubst? Ich: Ich hab sicher abgesperrt. Der Lange: Wie sicher? An diesem Punkt ziehe ich die Schuhe wieder an. Es ist abgesperrt, immer.

Break on through to the other side

Süß: Wie kürzlich Sugar B. im Radio war. Ich erholte mich eben in der Badewanne von einem total netten und hurenanstrengenden mehrtägigen Verwandschaftsbesuch, der Kinder einschloss und uns deshalb auch in den Prater geführt hatte: Und ich kann ja wahnsinnig gut ohne den Prater leben. Also ohne den lustigen Teil. Besser: ich konnte; es enthält der Prater nämlich, wie nun auch meine Kinder wissen, Ponys und kleine Autos auf Schienen. Hurra. Ich fürchte, dieser Kelch wird jetzt sehr regelmäßig nicht an uns vorübergehen. Da müssen wir jetzt durch. Und da wird auch Sugar B. bald durchmüssen. Denn Sugar B., eingeladen wegen des zehnjährigen Dub Clubs im Flex, wurde von der FM4-Moderatorin mit etwas Höflichem in der Art von Allesgutezumjubiläum begrüßt, und Sugar B. sagte: Danke, ich kanns brauchen, weil ich hab jetzt einen kleinen Sohn.

Wo alle – nennen wir sie mal – Normalen sagen: Ö, gehts dem noch? Und alle Bekinderten: Haha, welcome on the other side. Weil im Radio gleich im ersten Satz den Nachwuchs unterbringen, das ist Mutter des Jahres. Du gehörst jetzt zu uns, Sugar B., zu den Gehirngewaschenen, zu den Fremdbestimmten, zu Spazierern und Spielplatzhockern. Zu den sinnlos Glücklichen, zu den permanent Dankbaren, zu den immer Müden, deren letztes Rückzugsrefugium eine Viertelstunde Badewanne bei FM4 ohne Kleinkindgeräusche ist.

Aber interessant: Man muss sich mal eine Frau in der Sugar-B.-Situation vorstellen. Eine Frau würde sich das im Leben nicht trauen, in einem Arbeitsgespräch als Erstes das Kind zu erwähnen. Wenns ans Professionelle geht, tun Mütter lieber so, als wären sie keine. Die meisten Mütter, die ich kenne, sprechen über ihre Kinder nur mit anderen Müttern oder wenn ausdrücklich gefragt wird, weil es als verblödet gilt, in einer Konversation ständig den Nachwuchs im Munde zu führen: Man hat nämlich noch ein geiles Berufsleben neben dem Leben mit den Kindern, und dass die reibungsverlustfreie Kombination des einen mit dem anderen zeitweise pickelhart ist, braucht nicht jeder zu wissen. Besonders nicht der Arbeitgeber, denn eine Mitarbeiterin, deren Mutterschaft im Beruf auffällig wird, gilt als unflexibel und unzuverlässig. Die meisten Mütter schieben einen Termin vor, wenn sie mit ihrem Kind zum Arzt müssen, man will sich in der Arbeit lieber nicht einer contraprofessionellen Prioritätenlage verdächtig machen. Während der Kollege Dings mitten am brutalsten Arbeitstag sein Tagwerk mit den Worten beschließen darf: Ich muss jetzt heim, meine kleine Tochter baden. Und die schlimmste Konsequenz, die er darob zu befürchten hat, ist tosender Applaus. So ein guter Vater! Mehr davon!

Ja, mehr davon. Möglicherweise beginnt dann auch ein Frauenarbeitsgespräch mal so: „Übrigens ich hab jetzt ein Kind!“ „Toll, Gratulation! Und herzlich willkommen auf der anderen Seite!“ Vielleicht noch nicht gerade morgen. Doch übermorgen. Oder zumindest irgendwann. Fängt für uns ein neues Leben an.

Punk for one day

Schon zum zweiten Mal diese Woche ertappe ich den Langen, wie er gerade den Raddatz verlässt; er trägt kein Sackerl. Ich sage, Tag, was machst denn du hier, und der Lange sagt, er war ein bisschen Jausenzeug einkaufen, und ich sage, aha. Es ist halb fünf, Abendessen gibt es gegen halb sieben, so, dass wir grad noch vor dem Sandmann fertig sind, sonst gibts Beschwerden, und beseufzen Sie jetzt bloß nicht die traurige Massenmedienmanipuliertheit von Kleinkindern, ich seufze täglich, und wer ist schuld? Ich. Und der Lange, weil wir den Fernseher nicht vor der Geburt entsorgt haben; wir sind profitgeile Kriegsgewinnler, und unser Profit heißt Ruhe. Jedenfalls, wie ich den Langen letztes Mal aus dem Raddatz hab schleichen sehen, hatte ich für das Abendessen Brokkoli-Pasta angekündigt, heute steht der Lauchkuchen aus dem Novelli-Kochbuch auf dem Menü: Es keimt ein Verdacht in mir. Hauch mich an, sag ich. Nix, sagt der Lange. Hauch mich an oder gestehe, sag ich. Es war nur ein bisserl ein Schweinernes mit einem winzigen Knöderl, sagt der Lange, du Kameradenschwein, sag ich. Ja, weil du immer nur für Mädchen und Kinder kochst, sagt der Lange, und ich sage, stimmt, so was?

Dieses kleine Argument nährt die kleine Verstimmung, die zwischen uns herrscht, seit der Lange letzten Donnerstag, als wir für Sonntag Gäste erwarteten, vorschlug, er könnte ja mal wieder seinen Schweinsbraten machen. Ich bemerkte, dass es weder tiefer Winter sei, noch kämen unsere Gäste direkt von der Bergwerksarbeit an unseren Tisch, könnte es also vielleicht etwas unter fünftausend Kalorien sein? Sprechen Sie mal so zu einem Innviertler. Mach doch einfach dein deppertes Jamie Oliver-Henderl, sagte der Innviertler, und dann sagte er nur noch das Nötigste bis Samstag um zehn. Da war Schweinsbraten längst meine Alltime-Leibspeise. Ich sagte, Langer, ich neige mein Haupt in Reue und es ist ja eh wie Winter, mach doch morgen deinen unvergleichlichen Schweinsbraten. Nein, ich muss nicht unbedingt kochen, sagte der Lange. Ein beleidigter Spanier ist gegen einen beleidigten Innviertler ein Lulu.

Aber bitte, ich muss auch nicht kochen. Früher hab ich zum Beispiel nie gekocht und trotzdem gegessen. Das Kochen ist nur eines der typischen Beispiele, wie man von der Mutterschaft komplett korrumpiert und in die Spießerei getrieben wird; ich hab bereits drei Jamie-Oliver-Kochbücher und weiß nicht, wie lange sich der Erwerb eines vierten noch aufhalten lässt. Andererseits war ich kürzlich in Zürich zu einer Kindstaufe geladen und darf mit Recht behaupten, dass die nachwuchsinduzierte Spießerei durchaus Facetten aufzuweisen vermag, die mir erspart bleiben werden, weil meine kranke Psyche ab einem bestimmten Grad von ritualisierter Bürgerlichkeit unausweichlich auf Dissidenz umschlägt. Ich bin nicht stolz darauf, aber einmal noch war ich Punk for one day: Schon wegen des Klimaausgleichs ist der vierte Oliver unumgänglich, auch wenn der Lange flucht.

Ist das ansteckend?

Lieber Mike, leider konnte ich nicht auf dein Fest kommen, erstens hab ich mir, wie es das Gesetz der Serie vorsieht, zusätzlich zu meinen anhaltenden, primariusresistenten Zahnschmerzen auch noch einen Zahn rausgebissen, mitten in der Lächelzone, ich bin absolut subdekorativ. Schuld ist das Kruschpel des Wintereröffnungsschweinsbraten, den der Lange gegen den sturen Spätsommer endlich durchgesetzt hat und er war durchaus vorzüglich. Leider setzte er weniger fragile Gebisse als das meinige voraus und hat, wie der Lange unmittelbar nach dem Zahnausfall völlig richtig befürchtete, vorläufig Hausverbot. Mal abgesehen davon, dass ich das Kruschpel, auch wenn Manfred Rebhandl in seinem pipifeinen Krimi „Lebensabende und Blutbäder" (Czernin) das Gegenteil behauptet, für weitgehend überschätzt halte, da das Kruschpel stets zu Lasten der allgemeinen Saftigkeit des Bratens geht. (Rebhandl ist übrigens die personifizierte Abweichung von der Regel, dass von einem, der in der Stammkneipe seit Jahrzehnten immer zwei bis vier Barhocker weiter residiert, nichts literarisch Überraschendes kommen kann. Es kann. Und wie es kann.) Zweitens fing, lieber Mike, eines der Kinder am Nachmittag schlagartig stark zu fiebern an, was du, da du es noch am Vormittag am Brunnenmarkt eindringlich auf sofortigen Abbruch unserer Unterhaltung plädieren hörtest, vermutlich schwer glauben kannst; es gibt dafür aber eine Vielzahl besorgter Zeuginnen, denn es fieberte im Rahmen eines Kindergeburtstages. Ist das ansteckend? Keine Ahnung; aber ziemlich sicher ist es weniger ansteckend als das, was einem geschätzten FM4-Kollegen-Paar zu neuen, aparten Kurzhaarschnitten verhalf; es kam aus dem Kindergarten. Angst.

Jedenfalls, das Kind ist krank, und es ist nicht jenes Kind, das seine Krankheiten dezent genug zelebriert, dass man daneben noch ein bisschen haushalten und die eine oder andere Zeile schreiben kann. Es ist das andere Kind; und wenn dieses Kind ein Aua hat, dann mit derselben Eindringlichkeit wie es lästige Mikes vertreibt. Unbarmherzig, hundertprozentig und, wenn irgend möglich, an einem Tag, an dem der Lange schon im Morgengrauen nach London oder Paris dienstgereist ist, bis übermorgen. Am Sonntag griff ich schon um 08.51 Uhr aus reiner Notwehr zur Fernbedienung; jetzt, am Montag um halb acht, darf ich für einmal in die alltäglichen Probleme von Mutter Mayrhofer und allen anderen Alleinerzieherinnen reinschnuppern, denn wie kommt das eine Kind in den Kindergarten, wenn das andere krank ist? Ohne Hilfe gar nicht. Und wie wird man seine Zahnschmerzen los, wenn einen, wie Mutter Mayrhofer kürzlich, kurz vor dem Termin eine Babysitter-Absage ereilt? Die Mayrhoferin sah keine andere Möglichkeit, als ihren heftig fiebernden Zweijährigen einfach mitzunehmen, er schlief eine Stunde auf ihren Knien, während ihre Knie ebenfalls einschliefen und der Zahnarzt oben rechts eine Wurzel behandelte. So gesehen wird mein Termin heute ein lustiger Bummel.

Stimmen hören

Mir fällt auf, dass mein Kind eine sehr helle, sehr hohe Stimme hat. Das Kind benutzt diese Stimme engagiert, es ist ein Tiger und gibt dem anderen Kind, das eine Katze ist, Kommandos, und das andere Kind, das eine unauffällige, warme Stimme hat, sagt: Halt die Klappe. Ich pflichte dem uneingeschränkt bei, wiewohl mit schlechtem Gewissen. Denn ich bin die Mutter. Ich bin die Mutter, die gestern bei der Weinversteigerung für das Integrationshaus war, und zwar bis zum Schluss, als alle Weine versteigert waren, als Roland Neuwirth und Doris Windhager schon fertig gesungen hatten, als es keine Pannobile-Achterl mehr gab, lang nachdem Harald Krassnitzer Dominik Heinzel 900 Euro für eine Magnumflasche Salzberg 2000 bezahlen ließ, die Heinzel dann wegen einer verlorenen Wette nicht bekam. Eine gute Journalistin hätte Krassnitzer jetzt gefragt, was für eine Wette, eine nicht so gute wäre stattdessen bei den Pannobile angestanden. Während das Kind seine schöne Stimme ausprobiert, denke ich unterm Kopfkissen über meinen gestrigen Blamagepegel nach, aber bis auf das Krassnitzerversäumnis und eine verhältnismäßig idiotische Reaktion gegenüber einer netten Reporterin fällt mir auf Anhieb nichts ein. Plus, ich bin von niemandem beschimpft worden, was nicht selbstverständlich ist. Der Abend war picobello.

Es war allerdings auch ein picobello Abend, als ich letztes Mal beschimpft wurde. Aber wer ständig den Grind zum Fenster raushält, muss damit rechnen, dass es ihm mal draufregnet; was der Kabarettist Werner Schneyder nicht so sieht. Denn für einen Profiausteiler ist Schneyder brutal dünnhäutig, weshalb er mich an besagtem Abend im Rabenhof, wo ich mich immer wieder gern beschimpfen lasse, ein bisserl beschimpfte, weil ich 1992 im „Falter“ mal wegen seines aufdringlichen schneyderischen Soseins gemein zu ihm war. Er musste mir allerdings memorieren, wie und was, denn das hatte ich ehrlich vergessen, ich musste ja seither noch Millionen andere Kabarettisten fertigmachen. Ich verließ das Theater also angemessen geschmeichelt, und damit wäre für mich die Sache erledigt gewesen, weil ich nun mal nicht mit jedem bussibussi sein kann, dann muss ich mich nämlich umschulen lassen. Schneyder aber hub, als wir hernach gegen das Gasthaus Seidl eilten, zu einer generösen Geste an und verzieh mir die 92er-Gemeinheit ausgefahrenen Arms. Da greift man natürlich zu.

Dann gingen wir zum Wirten und tranken mit lustigen Menschen eine Menge guten Wein, und als ich anderntags bemerkte, dass mein Kind eine sehr helle, hohe Stimme hat, fiel mir ein, dass die Frage, ob ich Schneyder eigentlich die inkriminierte 92er-Schneyderei verzeihen will, keinen Moment zur Debatte stand. Und ich weiß nach wie vor nicht, ob. Womit ich Werner Schneyder einen Grund gebe, mich bei nächster Gelegenheit oder 2018 mit seiner hellen, hohen Stimme erneut zu beschimpfen: Nur zu.

Jetzt wäre die Evolution am Zug

Es reicht. Zwei Tage lang war der Lange patzig, weil ich ihm am Sonntag auf der Fahrt ins Burgenland ganz freundlich gesagt habe, ich finde, er fährt etwas hochtourig. Schalten. Bitte. Mehr hats nicht gebraucht; bis zum Weinbauern hat er nicht mehr geredet, und die Luft im Auto war schwanger von Flüchen, denn von einem Weib braucht er sich so einen Dreck wirklich nicht sagen lassen, geht die das was an, wie er fährt? NEIN. Nun ja, mal abgesehen davon, dass das Auto zu exakt 50 Prozent mir gehört, tut mir das Motoren-Geheul in den Ohren weh, denn die sind schon komplett überbeansprucht von dem Geheul, das meine Tochter momentan bei jeder Gelegenheit ausstößt. Das ist so eine Frequenz … Ich sags ehrlich, auf dieser Frequenz krieg ich Gewaltfantasien, und wenn der Lange sich nicht bald wieder einkriegt, lassen die sich einszweidrei auf ihn ausweiten, pass auf.

Seit der Tourendebatte redet der Lange nur noch das Notwendigste mit mir, denn in jenem Landstrich, aus dem der Lange stammt, kriegen die Männer einen fast spanischen Stolz in den Genpool gemixt. Beim Winzer war er patzig, beim Gansl-Essen in diesem tollen Landgasthaus war er patzig, und jetzt, bei den Horvaths, wo wir schon wieder zum Gansl-Essen eingeladen sind, ist er immer noch patzig, jedenfalls mit mir, jedenfalls so lange, bis ich ihm endlich das 31-jährige Polittalent unterreib, das mir kürzlich bei einer Charityveranstaltung zugelaufen ist, und ich unterschlag auch nicht, dass das Talent nicht unhübsch war und mir schon anderntags ein reizendes Mail geschickt hat, und, mercichérie, das funktioniert immer noch. Denn in jenem Landstrich, aus dem der Lange stammt, hat ein Mann auch in den Genen, wann er alarmiert sein muss und sich zusammenreißen sollte; kann ich dir noch ein bisschen Wein nachschenken, Süße? Ja, gern, Schatz.

Der Lange ist halt ein ruppiger Kerl, und nicht wenige meiner Freunde und Bekannten haben offen Angst vor ihm. Andererseits ist er keiner jener Männer, die, wie amerikanische Soziologen in einer im Magazin «Evolution and Human Behaviour» veröffentlichten Studie bewiesen, «Partnerinnen bevorzugen, die ihnen sozial untergeordnet sind», was ich ungemein an ihm schätze, denn die traurige, und nun wissenschaftlich bewiesene Wahrheit ist, dass es, wie Mizzi und ich ja schon längst behaupten, nicht am Egoismus gebildeter und erfolgreicher Frauen liegt, dass sie so wenige Kinder bekommen, nein: Wie die Wissenschaftler erforschten, finden solche Frauen deshalb keinen Partner, «weil Männer sich nicht gerne an erfolgreiche, intelligente Frauen binden». Im Rahmen einer ganz neuen Studie legte eine deutsche Sozialwissenschafterin nun 300 Studierenden Fotos von erfundenen Arbeitskolleginnen vor, die als Chefin oder als Assistentin vorgestellt wurden. Danach befragt, wen sie lieber kennen lernen würden, fühlte sich ein Großteil der Männer von der Assistentin wesentlich stärker angezogen.

Und das heißt was? Erstens, dass ichs mit dem Langen ganz gut erwischt hab. Zweitens: Es liegt nicht an uns, Frauen. Wir sind am Weg, die Männer fallen zurück. Und das heißt was? Dass die Evolution sich etwas mehr anstrengen muss; nicht wir.

Wo Grasser glücklich ist

Das Kind ist der Meinung, es habe in der Straßenbahn einen Anspruch auf einen Sitzplatz, und es tut diese Meinung mit derart steinerweichendem Geheul kund, dass alte Damen sich auf ihren Gehstock stemmen, um dem Kind, 3, ihren Sitzplatz zu überlassen. Es ist unfassbar peinlich. Wir befinden uns auf dem Weg zu einem Weihnachtsmarkt, das hat sich die Elternstrafbehörde als Winterpurgatorium ausgedacht, denn die Sommerpurgatorien, a. k. a. Spielplätze, sind wegen Frostes geschlossen, und das ist zugegebenermaßen eine der miesesten Metaphern, in die ich je gestolpert bin. Weihnachtsmärkte haben zudem einen verschärften Tortur-Faktor, wie üblich zieht das Leben an einem vorbei, aber man sitzt dabei nicht auf einer sonnigen Bank, nein, man steht bibbernd und winkend am Rande eines Ringelspiels, einer Kinderbummelbahn und noch eines Ringelspiels, mit einem saublöden Grinsen, das einen zweifelsfrei als erziehungsberechtigt ausweist. Denn Erziehungsberechtigte sind glücklich, wenn ihre Kinder glücklich sind, auch wenn dieses Kinderglück, wie so oft, auf Elternelend basiert, und wenn nicht, dann war es teuer oder zumindest so schwierig zu beschaffen wie ein Kuschelspiderman und eine Schneewittchenbarbie, auf die meine Töchter als Ablass für eine kleine Dienstreisesünde bestehen.

Denn was ist Glück? Beziehungsweise: Was war Glück früher? Früher war das eigene Glück streng egozentriert; jetzt hat es sich diversifiziert in eigenes und kinderübertragenes Glück: Wodurch es sich einerseits potenziert, anderseits kompliziert, siehe Weihnachtsmarkt, denn der Weg zu den leuchtenden Kinderaugen ist oft steinig und weit.

Mein eigenes Glück hält sich gern eine Flugstunde entfernt auf, bevorzugt in der Kronenhalle in Zürich, wo ich wie keine Mutter mitten in der Woche mitten am Tag mit meinem Zürcher Freund Haemmerli den einen oder anderen Deziliter völlig überteuerten Wein trinke. Und das Glück wäre vollkommen, wenn ich mich nicht fragen müsste, warum ausgerechnet Karl Heinz Grasser am Nebentisch sitzt. Was er tut, an einem ganz normalen Mittwoch, mit ein paar Burschen, die, wie ich finde, nicht nach Staatsgeschäften aussehen, und, wie Haemmerli findet, nicht heterosexuell, was ich wiederum nicht finde. Ich finde dagegen, dass ein Finanzminister mitten unter der Woche nicht so fröhlich und entspannt in einem sündteuren schweizer Restaurant sitzen sollte. Das macht mir bezüglich der optimalen Verwendung meines Steuergeldes überhaupt kein gutes Gefühl. Aber erstens bin ich vielleicht zu verkrampft, zweitens geht es mich vermutlich gar nichts an, denn wahrscheinlich hat sich Grasser, dessen beruflichen Alltag man sich ja ungefähr wie einen nicht endenwollenden Christkindlmarkt vorstellen muss, einfach mal einen Tag frei genommen: Das muss er doch dürfen. Hat nicht auch ein Finanzminister Anspruch auf ein bisschen Glück? Ja. Doch, sicher, ja.

Die stillste Zeit im Jahr

Ich habe nämlich jetzt, erkläre ich der Sängerin, nur noch wenige, echte Freunde und lebe eher zurückgezogen, und weißt du was, sag ich, das gefällt mir, es gefällt mir sehr. Die Sängerin nickt und sagt, gell?!, ihr gehts nämlich auch so, denn seit sie Kinder hat, hat sich ihre ganze Einstellung komplett verändert, das ist doch ein ganz anderes Leben, als immer von Anlass zu Anlass hetzen, immer auf Zack, immer Oberkante Unterlippe voll Adrenalin, da verliert man sich ja total, genau, sag ich, und jetzt kuschelt man sich daheim mit den Zwergen so schön ein, man konzentriert sich auf das Wesentliche, auf die kleinen Freuden im Leben, weißt du, sag ich, das Lachen der Kinder, der Geruch der Hühnersuppe am Herd, ja, ruft die Sängerin, die Geräusche der Babys, wenn sie schlafen!, ihr Strahlen!, ihr Glück!, und dann muss sie sich entschuldigen, die restlichen 45 Gäste ihrer Geburtstagsparty begrüßen, die Cateringleute rumkommandieren und die Nannys kontrollieren. Ich nutze die Gelegenheit, kurz vor die Tür zu stöckeln, denn ich muss dringend die Horvaths und die Breusses und Manu anrufen, wegen dieser Nikolaus-Sause, und Himmel, die Nikolos-Mietfirma hat ja auch noch nicht confirmed.

Denn so eine Zurückgezogenheit eignet sich doch sehr, um sich ein paar nette Menschen einzuladen, und an Nikolaus muss es sein, den Nikolaus muss man im Kreise von Freunden und Kindern begehen, es muss Kerzenlicht geben und Nüsse und Mandarinen und frisch gebackenen Leberkäs mit Erdäpfelsalat. So hielt es meine Familie, und so halte ich es, aber wie ich endlich den Horvath am Ohr habe, jammert er, nein, nein, nicht noch ein Nikolaus, ich muss ja schon dreimal, und ich hasse doch den Nikolaus, und ich sage, dann kommst halt nicht, ich muss jetzt zurück auf die Party, seid bitte pünktlich um halb vier da.

Denn natürlich ist der Horvath ein Sklave des kleinen Horvaths, lässt sich dreimal die Woche über einen Adventsmarkt jagen und steht stundenlang bibbernd vor Power-Ranger-kontaminierten Schaufenstern, das, das, und das auch. Selbstverständlich wird Horvath zum Nikolaus kommen, keine Frage. Und dann lad ich noch die Breusses ein und Gruber und Manu, und der Lange seine Band mit Anhang, und ich noch die Sängerin mit Kindern, Mann und Nanny, und der Lange noch die Nachbarn und ich noch die Fritzes. Am Ende besuchen uns in unserer Eremitage 17 Erwachsene, elf Kinder und ein total nervöser junger Nikolaus, der so zu früh kommt, dass ich ihn im Dachboden verstecken muss, bis alle Kinder da sind, aber danach ist er total herzig und verliert nur einmal seinen Hut. Und dann gibts einen Riesentopf Gulasch, und die Kinder flitzen durch die Wohnung, und die Erwachsenen plaudern und trinken, und bis auf ein paar kleinere Schlägereien, etwas Schokolade an den Wänden und eine hörenswerte Ehekrise der Sängerin ist die Party ziemlich perfekt. Kann sein, ich bin für die kleinen, leisen Dinge einfach nicht konstruiert.

Das ist ja nicht meine Lebensplanung

Wie ich gerade aus himmelblauem Filz einen warmen Wintermantel für einen drei Zentimeter langen Plastikesel nähe, ruft mich Sedlacek an und sagt, na, was machst du gerade? Ich berichte, dass ich gerade einen brutal vatikankritischen Kommentar mit einem subtilen, aber pfeifenden Seitenhieb auf die Regierung verfasse, und Sedlacek seufzt, nichts anderes hat er sich erwartet. So ist es nämlich, dass man seine Freunde belügen muss, damit die nicht merken, dass man zum Kunsthandwerk neigt, wenn keiner schaut. Zu meiner Verteidigung darf ich anführen, dass ich es nicht freiwillig tue, meine Tochter hat mich zu diesem Interessenstransfer gezwungen. Allerdings zeitigt das Ergebnis meiner Bemühungen alles andere als den beabsichtigten Kinderaugenglanz; das Kind plärrt, dass es so aber ganz und gar nicht gehe!, der Esel sehe ja gar nichts!, dafür schaue der Schwanz heraus!, das müsse neu genäht werden. Mit mir kann mans ja machen.

Immerhin: Meine Mutter würde die Progression meiner ersten Sätze von „Wie ich gerade neue Drogen interessanter Provinienz ausprobierte …“ hin zu meinen jetzigen Freizeitaktivitäten extrem begrüßen, aber das erzähle ich ihr sicher nicht. Diese Genugtuung!, nein. Denn das ist ja sozusagen meiner Mutter Lebensplanung, nicht meine; so wie das Mütterrudel und ich jüngst die kurzfristige Lebensplanung unserer Kinder mit Hilfe des Leih-Nikolauses in eine für uns kommodere Richtung zu korrigieren suchten. Ich glaube, man nennt das Outsourcen.

Und Lebensplanung ist bekanntlich eine diffizile Sache, im Kleinen wie im Großen. Mutter Fritz erzählte bei der Nikolausparty, dass sie eigentlich bald ein zweites Kind will, sich derzeit aber konsequent allen schwangerschaftsförderlichen

Aktivitäten verweigert, denn wenn sie jetzt schwanger werde, verpasse sie möglicherweise im Kreißsaal das Robbie Williams-Konzert, das sei ein zu großes Risiko. Man müsse im Leben Prioritäten setzen.

Auch ich denke über ein weiteres Kind nach, und zwar, wie ich eins kriegen könnte, ohne wieder schwanger sein zu müssen und ohne, dass der Lange es merkt, der kürzlich formulierte, dass zwei Kinder super und mehr als genug sind, und dass er auf keinen Fall, UNTER KEINEN UMSTÄNDEN noch eins will, nur über seine Leiche kommt ihm noch ein Kind ins Haus, beziehungsweise kann noch ein Kind in seinem Bett schlafen, weil er wird dann hier nicht mehr wohnen. Ich weiß nicht, ob ich das so verstehen soll, dass der Lange möglicherweise kein weiteres Kind mehr will.

Aber vielleicht meint er es gar nicht so. Denn von allen mir bekannten Familien kam die Vermehrung in etwa 1,2 Prozent der Fälle auf ausdrücklichen Wunsch der Männer zustande, dennoch wurden aus etwa 98 Prozent dieser Männer glückliche und engagierte Väter. Was sie nicht wären, wenn sie darauf bestanden hätten, ihr Leben selbst in die Hand zu nehmen. Insofern bewährt sich das Outsourcen von Lebensplanung gar nicht schlecht.

Das wirst du noch bereuen

Wo ist mein Fernglas schon wieder? In diesem Büro vis a vis haben sie eine offenbar sehr leichtfertige Weihnachtsfeier, die einige Teilnehmer, wenn ich das richtig erkenne, noch tief im neuen Jahr bereuen werden. Was machen die zwei da?!?! Wo ist das blöde Fernglas??

Auch ohne diese neue Komplikation: Letztes Jahr war es einfacher. Letztes Weihnachten waren die Kinder noch in der prämaterialistischen Phase, in welcher Eltern auf die Frage, was denn das Christkind bringen solle, mit niedlichen Antworten wie „Gesenk“ und „Kispaum“ erfreut werden. Diese Phase ist unwiederbringlich vorüber. Seit dem späten August werden dem Christkind via Mittelsmutter täglich Wünsche übermittelt, die eine Tochter will einen, weah, Barbie-Schminktisch, die andere insistiert auf diesem Mähdrescher, den auch der Otto hat. Doch Mutter ist ja nicht bescheuert, Otto ist vielleicht schon morgen blöd, Anfang Dezember wird also nochmal nachgefragt.

Aber daschauher, der Mähdrescher pickt und wird umgehend in Besitz gebracht, und erst zwei Tage später sagt das Kind, ob dem Christkind eh bewusst ist, dass ein Playmobil-Feuerwehrauto, so wie der Joey eines hat, unterm Tannenbaum stehen muss. Auf die vorsichtige Frage, was denn wäre, wenn das Christkind diesen tollen Mähdrescher wie der Otto einen hat, brächte, tanzt das Kind einen kleinen Trailer eines Weihnachtsabends ohne Feuerwehrauto, heilige Scheiße. Zwei Stunden später tausche ich das ebenfalls total oute Barbie-Frisierzimmmer gegen ein Barbie-Babyzimmer mit Baby und den Mähdrescher gegen ein Feuerwehrauto um. Zwei Stunden später tauscht der Lange den Feuerwehrautoanhänger, den Dummmutter besorgt hat, gegen ein Feuerwehrauto um, und ich richte meine dringende Bitte an die Mütter von Otto, Marvin, Milo und den vier Valentins, ihren Söhnen vorläufig keine Fahrzeuge mit in den Kindergarten zu geben, die dazu geeignet wären, meine Tochter über die Maßen aufzuwühlen.

Es ist eh schon alles schlimm genug. Der Entzug vom Advent, den die Kinder als eine Saison schätzen lernten, in der man alle Tage Geschenke kriegt und sich ausschließlich von Süßigkeiten ernährt, wird brutal. Wobei mein Volk übrigens auf alle Vorschläge, jetzt mal ein Kerzerl am Adventkranz anzuzünden und ein besinnlich Lied anzustimmen, mit ergebenstem Dank reagierte: keine Zeit. Auch die Geschichte von Josef, Maria und diesem wieheißtes Jesukind ließ sie ungemein kalt, nein, das wollen wir nicht hören, wir wollen „Conny geht zum Arzt" hören, ein Werk von derart frostiger Deutschheit, dass selbst Agnosto-Mum darum bettelte, die sexy Weihnachtsgeschichte mit den geilen Viechern vorlesen zu dürfen. Nä du; der Einsendeschluss für Weihnachtswünsche ist vorbei. Nur für das neue Jahr darf man sich noch was wünschen, und ich will bitte so cool werden wie A. L. Kennedy, das brächte die Hegemonieverschiebung in unserem Haushalt eventuell wieder in eine gewisse Balance. Und, ach ja, das Fernglas könnte auftauchen.

Ich war grad in der Nähe

Denn man müsste meinen, wer so cool ist wie A. L. Kennedy, oder so cool wie A. L. Kennedy auf dem Foto ihres verrückt guten Säufer-Epos „Paradies“ aussieht, steckte die Launen eines Lebensgefährten auf Nikotinentzug locker weg. Aber wie die Nikotinbefreiung des Langen ist augenscheinlich auch meine Coolwerdung noch im Anfangsstadium und wird von den Folgen der üblichen Neujahrsdiät etwas beeinträchtigt.

Der Lange aber hat sich fürs neue Jahr aufs Nichtrauchen verlegt, was ich im Prinzip super finde, aber wenn er die ersten sechs bis acht Wochen nicht in meiner Nähe wäre, hätte ich nichts dagegen. Aber nein, anstatt mit der Trennung von seinen Tschik selber fertigzuwerden, folgte er uns noch am Silvestertag an den Ort meiner Herkunft, wo ich ein paar Tage mit den Kindern und Zunehmen verbrachte, und ließ uns ab Minute eins an seinem Martyrium teilhaben. Herzlichen Dank auch. Habe ich nicht genau deswegen nicht geheiratet? Damit ich zu schlechten Zeiten sagen kann: nicht mein Problem? Aber wie immer: ätschibätschi.

Apropos Säufer-Epos. Denn aufgrund eines erhöhten Tststs-Aufkommens in meiner Umgebung erwog ich fürs neue Jahr ein reduziertes Alkoholpensum. Dann sah ich meine kleinen Schwestern trinken. Und meine Schwestern nämlich: immer brav. Immer hübsch. Immer Mutter. Immer sauber. Immer beim Hofer einkaufen. Immer immer. Und diese Landeier, zeigten mir jetzt einmal, wo Gott wohnt, meinerseel.

Denn während der Lange dort draußen litt und ich mit, wurde uns an etwa vier von fünf Tagen noch vor elf Uhr vormittags der erste Schnaps angeboten – und das ist nicht nur im Haus meiner Eltern so. Sondern in den Häusern aller ihrer Bekannten und Verwandten, von denen an allen Vormittagen des Jahres mindestens einer im Zuge seines professionellen oder rentenbedingten Tagwerks zufällig gerade in der Nähe ist. Der schaut also kurz mal vorbei, sagt einmal seavas, und egal, ob sich das Morgengrauen schon verzogen hat oder nicht, umstandslos holt mein Vater die Flasche mit dem guten Subirer aus dem Schrank, und meinen Schwestern, die mir zuliebe einen Vormittag lang ihre Böden ungesaugt lassen, fällt stante pede das Strickzeug aus den Händen, zum Wohle! und ex. Was einen überaus positiven Effekt auf ihre Stimmung hat. Und übrigens wissen diese gelernten Ländler natürlich, wann man aufhören muss: Nach dem dritten Schnaps wird die Flasche prompt verräumt, genug ist genug. Ein Glas Weißwein oder ein kleines Bier tun es auch, bis der Prosecco kalt genug ist. Und ich notiere es erneut: Während all das geschieht, rührt meine Mutter noch in den Töpfen mit dem Mittagessen, und die Uhr schlägt noch lang nicht zwölf. Und da muss ich mich, mit meinen bescheidenen alkoholischen Gepflogenheiten, antstsn lassen? Ich bin doch maximal eine Amateurin.

Danke für die gute Zusammenarbeit

Die Begutachtung des Spielzeugs, das das Christkind gebracht hat, fällt nicht bei allen unseren Bekannten positiv aus. Die Fleischmanns zum Beispiel: Playmobil o. k., der Kaufladen gut, aber dieses Barbie-Volk, das da auf rosa gesattelten Pferden durch euer Wohnzimmer reitet, muss das wirklich sein? Soll das Frauenbild eurer Töchter wirklich von magersüchtigen und anatomisch inkorrekten Plastikpüppchen mit fragwürdigem Haarwuchs frühkindlich geprägt werden? Nun ja. Erstens werden sie meistens von meinem Anblick geprägt, wachsen also in unmittelbarer Gegenwart brutaler Imperfektion auf. Zweitens wäre der Plan so, dass die Kinder ihre Barbiephase zwischen drei und fünf abfeiern, damit sie sich dann ab sieben oder so ganz auf Mathematik und Mozart konzentrieren können, was heißt können: wollen, weil mit sieben spielt doch wohl kein Mädchen, das was auf sich hält, mehr mit dem Babyzeug, mit dem es sich als dreijähriges Gemüse beschäftigt hat. Drittens sehen die Kinder manchmal vorm Schlafengehen „Hi Society" oder „Seitenblicke", und was ihnen dort an moderner Chirurgie vorgeführt wird, dagegen ist Barbie in ihrer vergleichsweisen Hummelfigürlichkeit harmloses Mittelmaß mit ungemein menschlichen Zügen. Wer seinen Kindern Barbie verbietet, muss ihnen auch am Stephansplatz die Augen verbinden; man weiß nie, was gerade das Do&Co verlässt.

Andererseits sagte mir kürzlich jemand, er glaube nicht, dass ich „The West Wing" lustig fände, womit er mir vermutlich sagen wollte, dass ich für das Lustigfinden einer Serie über die Weiße-Haus-Interna rund um amerikanische Präsidenten erst die Zusammenhänge kapieren müsste. Sozusagen: Tu du lieber Rüschenblüschen für die Barbies deiner Kinder häkeln, anstatt dich mit politischen Komplexitäten zu belasten, die deine intellektuelle Grunddisposition sprengen. Lach du lieber bei „Gilmore Girls". Mal abgesehen davon, dass „Gilmore Girls" wirklich gscheit lustig sein kann, bin ich nun natürlich eisern entschlossen, „Westwing" für die lustigste Serie seit „Tohuwabohu" zu halten, für noch komischer als „Primavera", aber das kann ich erst, wenn Vater K., der Sack, die erste „Westwing"-Staffel endlich rausrückt. Welche ihm Manu geborgt hat, die sie mir borgen würde, wenn Vater K. sie irgendwann amal aus den Sedimenten seines Wohnzimmers ausgrübe, wo sie nämlich verschollen seien, einfach in Luft aufgelöst, sagt Vater K., er versteht gar nicht, wie so was sein kann. Mich dagegen überrascht das geheimnisvolle Verschwinden der „Westwing"-DVDs eher mäßig, denn haben wir den K.s nicht vor Jahren mal drei Wolf-Haas-Krimis geborgt? Und wurden die je retourniert?

„Nein" lautet auch die Antwort auf die Frage, ob ich die Geschichte über die Schnapskonsumationsmodi in Vorarlberg erfunden hätte: Nein, habe ich nicht. Oder zumindest stark übertrieben? Nein, habe ich nicht; und wer so fragt, stammt eindeutig nicht von dort. Frau Sch. dagegen schon, und deshalb möchte sie meine Geschichte gerne bestätigen, mehr noch. Denn Frau Sch. befand sich in Gesellschaft ihres Wiener Gatten auf Heimaturlaub in Vorarlberg, wo sie von Verwandten zum Essen eingeladen wurden. Danach wurde ihnen, wie es der Brauch gebietet, ein Verdauungsschnäpsle angeboten, welches sie sich selbst aus einer Batterie von Schnäpsen auswählen sollten, erlesene Brände allesamt. Sie entschieden sich für einen feinen Birnenschnaps, und fanden auf dem Flaschenetikett etwa folgende Worte geschrieben: „Ein herzliches Dankeschön für die gute Zusammenarbeit. Ihr Landesgendarmerie-Kommando Vorarlberg." So schauts dort nämlich aus.

Trottel sagt man nicht

Gratulieren Sie dem Langen, er hat jetzt schon drei Wochen nichts geraucht. Gratulieren Sie mir, ich war die ganzen drei Wochen an seiner Seite. Was etwas heißt, auch wenn der Lange behauptet, es hieße nichts, denn er habe, als ich einst mit dem Rauchen aufhörte, volle zehn Stunden mit mir in einer Wohnung verbracht. Das seien die furchtbarsten zehn Stunden seines Lebens gewesen; was ich für eine maximale Übertreibung halte.

So schlimm kann es erstens nicht gewesen sein, zweitens durfte der Lange nach den furchtbarsten zehn Stunden in ein Flugzeug nach Wien steigen und mich meinem Elend überlassen, denn damals lebte ich in Zürich. Zudem behauptet der Lange, meine Kohlsuppendiät habe einen wesentlich negativeren Effekt auf meine Laune als der Nikotinentzug auf seine. Auch das stimmt nicht, mir gehts tipptopp, ehrlich, dennoch würden Ihnen die Horvaths raten, uns derzeit lieber nicht gemeinsam einzuladen. Was ich ihnen nicht verüble, nach diesem kleinen Eklat an ihrem Esstisch.

Bei welchem sich, nebenbei, eine weitere Schattenseite der Mutterschaft manifestierte. Denn was tut eine Frau mit Selbstachtung, wenn der nikotinentzugsgezeichnete Lebensgefährte sie im Beisein anderer Leute eine hysterische Ziege nennt? Sie packt ihren Krimskrams zusammen und tschüss. Allerdings gehören zu meinem Krimskrams jetzt auch zwei Kleinkinder, die in besagtem Moment friedlich im Horvathschen Kinderzimmer spielen und auf das Zusammengepacktwerden eher ungehalten reagieren würden. Die Situation ist quasi ausweglos; die Summe der würdevollen Reaktionsoptionen annähernd null. Aus lauter Wut (es ging um die elementare Frage, ob Carol King den Winnie-Pu-Soundtrack gemacht hat oder diese andere, deren Namen mir jetzt nicht einfällt, und der Lange, der es aus Gründen der Kontinuität gewohnt ist, in poprelevanten Fragen immer Recht zu behalten, insistiert auf Carol King, aber diesmal hab ich Recht, ich ich ich, und ich will, dass der Lange einen angemessenen Wetteinsatz nennt, und das tut er einfach nicht, wenngleich er auf seinem Irrtum beharrt, und ich weiß, dass es hundertprozentig nicht Carol King ist, sondern diese andere, die auch den Soundtrack zu diesem andern Film gemacht hat, wie hieß denn dieser Film noch mal, mit den zwei Frauen, Sigourney Weaver und, äh, die blonde, die jetzt so aufgespritzt ist), aus lauter Wut also über dieses miese Manöver (denn die hysterische Ziege soll ja nur von seinem Irrtum ablenken, weil er mir meinen Triumph nicht gönnt) werde ich dann wohl ein bisschen laut, und, naja, hysterisch.

Was nicht ohne Wirkung auf die Kinder bleibt. Denn an der faszinierenden Dezibelerhöhung in der Horvathschen Wohnküche wollen sie natürlich teilhaben. Und meine letzte Eruption ist noch nicht verebbt, da gehts auch schon los mit dem Zwillings-Chor: Mama, man sagt nicht Scheiße, Mama, man sagt nicht Trottel, Mama, dürfen wir auch verflucht sagen und Idiot? Nein nein nein und nein!, und seit wann muss ich mich eigentlich von Menschen kreuzverhören lassen, die grad mal einen Meter hoch sind? Und die Sängerin hieß Carly Simon. Car!Ly!Si!Mon! Und dieser Film, das war «Working Girls». Ich hatte nämlich Recht Recht Recht, gratulieren wenigstens Sie mir.

Land der Hämmer

Die Kinder drei Tage krank, und ich mit den Nerven an einem Punkt, wo eigentlich nur noch eine mehrjährige Familientherapie und ganz harte Psychohämmer helfen. Am ersten Tag ist es total kuschelig, man vergräbt sich mit dem fiebrigen Nachwuchs im großen Bett, liest nette Kinderbücher, plaudert netten Unsinn, macht nette Fingerabzählreime, sieht zwischendurch ein bisschen fern, hört ein bisschen Harry Rowohlt, schläft ein bisschen, plaudert noch ein bisschen, liest noch ein nettes Kinderbuch. Schon am zweiten Tag sind die netten Kinderbücher alle ausgelesen und man muss den unterirdischen Disney-Dreck vorlesen und all das Zeug, das einem von 100-jährigen Verwandten mit 100-jährigen Anschauungen geschenkt wurde, die Kinder fangen an, komisch zu riechen und die Rippenknüffe sind nicht mehr feierlich. Es gibt ja für ein Kind, das neben einem im Bett liegt, nur eine einzige mögliche Art, sich aufzurichten, indem es seine messerscharfen Ellbogen in den Mutter-Brustkorb rammt, um sich darauf hochzustemmen, was mörderweh tut, und 31 Mal klärt man das Kind höflich über die Risiken fortgesetzter Mutterbeschädigung auf. Beim 32. Mal sind die pädagogischen Mittel ausgeschöpft und man entscheidet sich für den gemeinen Brüll. Wenn du jetzt noch EINMAL! Ich schmeiß dich HOCHKANT! Das arme kranke Zauserl natürlich in Tränen aufgelöst, buhuhu, es war ja gar nicht Absicht! Jaja, ich bin ein Viech. Am dritten Tag komm ich aus dem Brüllen gar nicht mehr raus.

Aber am vierten Tage wird alles gut und die Kinder vor Ohrfeigen und Liebesentzug gerettet, denn da stellt sich der Saliera-Dieb Robert M., und das macht mich sehr lustig. Man kommt aus dem Skandieren gar nicht mehr raus: Rücktritt,

Gehrer, Rücktritt! Denn dass ein angeheiterter Techniker, der sowas nie zuvor gemacht hat, ein 50-Millionen-Euro-Kunstwerk aus dem wichtigsten österreichischen Museum klauen kann, weil es sich anbietet wie ein nicht abgesperrtes Fahrrad: Das wird meinen Exoten-Status bei meinen Schweizer Freunden hübsch verfestigen. Da krieg ich wieder einige Drinks spendiert: auf Wien! Denn aus einer Stadt, in der es möglich ist, dass einer angesoffen ins Museum einsteigt, noch mal umkehrt, weil er was vergessen hat, wieder einsteigt, eine Statue ein- und dann unter seinem Bett versteckt, aus so einer Stadt kommt sonst keiner. Und der Direktor von dem Museum ist nicht längst zurückgetreten und tritt, nachdem die peinliche Geschichte heraußen ist, auch nicht auf der Stelle und quasi rückwirkend zurück. Und die verantwortliche Ministerin, die den verantwortungslosen Direktor gehalten hat, umarmt dann die eh schon beschädigte Saliera: In welcher Stadt der Welt dürfen Minister 50-Millionen-Euro-Kunstwerke herzen, als seien sie Wahlkampf-Babys? In richtigen Ländern müssen Politiker schon dafür auf der Stelle adieu sagen: Hier? Land der therapieresistenten Psychohämmer. Man kommt aus dem Brüllen nicht mehr raus.

Wir Durchschnittsversagerinnen

Vielleicht reg ich mich ja schon wieder übertrieben auf. Immer diese Beschwerden ... Ich bin verunsichert; seit ich im „SZ-Magazin“ ein Porträt von Ursula von der Leyen gelesen habe, der deutschen Familienministerin, die auch Zwillinge hat. Plus fünf weitere Kinder; plus ein abgeschlossenes Wirtschafts- und ein ebensolches Medizinstudium. Die Geschichte handelte vor allem davon, wie die sich, neben dem Schupfen von den sieben Kindern, ein paar Viechern und einem Ministerium, auch noch ununterbrochen rechtfertigen muss, warum ihr das problemlos gelingt. Und warum praktisch alle deutschen Frauen sie hassen. Der Artikel gibt auch gleich eine Antwort, wenn er eine Familienforscherin zitiert, die meint: „Wir können uns eher mit Frauen identifizieren, die fürchterlich im Stress sind, weil sie mit dem Job, dem Mann und den zwei Kindern zu kämpfen haben.“

Die repräsentier nun sozusagen ich, mit permantem Gestöhne und endlosen Beschwerden über die Dysfunktionalität dieser miesen Gesellschaft, der die Vereinbarkeit von Kind und Beruf völlig powidl undsoweiter. Frau Minister von der Leyen jetzt, die jammert nicht, sondern geht her und nimmt diesen Job an und versucht, was zu ändern und hat dabei immer gute Laune. Und wundert sich natürlich, dass ihre Sympathiewerte trotzdem nicht ins Astronomische explodieren: Macht sie denn nicht alles richtig? Hat sie nicht prima Ideen? Und zeigt sie nicht, dass die Vereinbarkeit von Kindern und Beruf mit etwas Organisation und Unterstützung möglich ist? Macht sie, hat sie, tut sie: Rechter als von der Leyen kann eine Politikerin derzeit kaum haben, konsequenter kaum handeln, denn ihre Familienpolitik treibt die Mütter zurück ins Erwerbsleben, wo sie hingehören.

Trotzdem hat man von der Leyen in Deutschland nicht lieb, und der Grund liegt auf der Hand: Ein bisschen Gestöhne, ein bisschen Ich-kann-nicht-mehr, ein ganz klein wenig Überforderung, würde der Frau von der Leyen vielleicht nützen. Nicht immer so brutal perfekt sein. Denn wie Supermutter-Ministerin das alles so problemlos und immer mit einem Lächeln schafft, das macht uns Eins-, Zwei- oder Dreikindmütter im Stress natürlich zu ziemlichen Versagerinnen. Und das hat niemand gern. Kein Mensch kriegt die eigene Unzulänglichkeit, das eigene Unvermögen gern derart drastisch vorgeführt. Denn so locker wie die würden wir das ja auch gern hinkriegen, so wie die würden wir irgendwie auch sein wollen. Jetzt mal abgesehen von der Frisur.

Meine Leitkultur ist das nicht

Sven Eric Bechtolf war dann doch nicht bei dem Geburtstagsessen, bei dem ich ihn vermutet hatte, vermutlich gönnt er sich ein wenig Ferien, derweil Christoph Schlingensief unser schönes Burgtheater mit seiner «Arena 7»-Installation versaut. Übrigens bin ich die einzige Frau im gesamten von Schlingensief beackerten Kulturkreis, die Schlingensief nicht zum Abbusseln findet. Selbst der Lange, dessen Schwulen-Sympathie immer hart an der Grenze zur Homophobie entlangschrammt und dessen eigener verschmitzter Bubencharme in etwa mit jenem von King Kong vergleichbar ist, selbst der Lange meinte nach einer zufälligen Begegnung mit Schlingensief, er verstehe jetzt, warum die Weiber auf den Kerl so scharf seien. Warum? Der habe was.

Was hat der? Bei mir verfängt das nicht, ein Mann, der in diesem Alter so eine Frisur hat, löst bei mir Gefühle des Bedauerns und des Mitleids aus: Welches Kindheitstrauma schleppt der arme Kerl mit sich rum? Hat ihm die Mutter die Haare immer mit Spucke an den Kopf gepappt und gönnte ihm kein Spielzeug? Aber diese meine Unfähigkeit zur gelassenen Antizipation flotter Frisuren und ebensolcher Kulturtechniken entsteht vermutlich automatisch, wenn man Jahr um Jahr mit King Kong zusammenlebt. King Kong raucht übrigens immer noch nicht, und mittlerweile leben wir alle einigermaßen gewaltfrei damit. Meine Kohlsuppendiät dagegen zwang mich bei besagtem Geburtstagsessen zu einem extrem verfrühten und wenig würdevollen Abgang, denn wenn Sie zwei Wochen lang so gut wie kein Fett zu sich genommen haben, reagiert Ihr Magen auf eine tüchtig gebutterte Fischrahmsuppe eher überrascht, das kann ich nun mit Sicherheit sagen.

Was wiederum zu der peinlichsten Situation führte, die zwischen einem Erziehungsberechtigten und einem Babysitter möglich ist, dass man nämlich die Babysitterin, die ihren Dienst um acht angetreten hat, um zehn wieder nach Hause schickt. Obwohl, halt, stimmt nicht; noch peinlicher ist es, wenn man die Babysitterin schon um acht an der Haustür abfängt und sie mit einer durchsichtigen Ausrede und fünfzehn Euro fürs Taxi wieder heimschickt, weil man einfach zu gaga ist, um den geplanten Ausgang durchzustehen. Du, äh, sorry.

Apropos peinlich, geniert haben sich auch die Hofingers, deren dreijährige Tochter bei unserem letzten Besuch brüllte, dass sie nun endlich Mozart hören wolle. Spontanerrötung auf Hofingerseite, denn solche Ideen fallen ein Kind ja nicht einfach an, und alles kann man nicht auf den Kindergarten schieben. Anderntags sehnte ich mich aber heftig nach Mozart und so tat die Breussin, denn ihr Sohn erschien mit seinem Kinderkassettinger und daraus jaulten Toto. Wir natürlich starr vor Entsetzen, und verlegener hätte die Breussin nicht schauen können: Der Bub habe ihre Aerobic-Kassette aus den Achtzigern gefunden und lasse nun nicht mehr davon, er sei ein Toto-Fan, er juchze bei Huey Lewis und gerate bei Jennifer Rush in Ekstase, ist das behandelbar wie ADHS? Da nahm ich die Breussin in den Arm, erklärte ihr, dass meine Mädels auch nie Dylans „No Direction Home"-Soundtrack mit der unglaublichen „Man of constant sorrow"-Version von 1963 hören wollen, exzerpierte ihr aber kurz das Cinderella-Märchen, das ich Abend für Abend vorzulesen habe, und wir wissen alle, wie der Scheiß endet. Geniertechnisch steh ich niemandem um nichts nach.

Meisterwerke des Eskapismus

Andere schluchzen in „King Kong“, ich sitze in „Plüsch“ und verdrücke dort eine Träne der Ergriffenheit, ja, lachen Sie doch, ich kann nichts dafür, mich ergreift derzeit alles, selbst ein Tanztheater für Zweijährige. Anderntags ergreift mich der Umstand, dass meine Tochter inmitten der praktisch kilometerweiten kompakten Schneelandschaft der Steinhofgründe wie ferngesteuert auf das einzige Schlammloch zumarschiert und prompt längelang reinplumpst. Halleluja. Wie wissen die das immer? Zuvor schon hat mich die überraschende Steinhofsche Schneelandschaft ergriffen, mit der ich nämlich überhaupt nicht gerechnet hatte: Entschuldigung, drei Tage zuvor hats einen Bezirk weiter wie blöd geregnet, geregnet und geregnet; so geregnet, dass Menschen innerhalb von nur 24 Stunden in eine Depression verfielen, ihre Ernährungsgrundsätze vergaßen, ein viel zu verwegenes Kleid kauften, ihre Kinder grundlos anbrüllten oder, wie ich, alles auf einmal. Wars nicht eben London im Sommer? Wo kommt der Schnee her?

Jedenfalls sind deswegen meine Kinder die einzigen ohne Rodel oder Bob. Und die einzigen ohne Schneehosen, die hat Blödmutter am Freitag im Kindergarten vergessen, und ich wusste schon im Billa, dass ich es bereuen werde, wenn ich nicht umkehre und die Hosen hole. Aber ich wusste auch, dass ich, wenn ich umkehre und die Hosen hole, wenn ich den ganzen Weg zurückhatsche mit je einem quengelnden Kind links und rechts und einem felsenschweren Billasackerl irgendwo dazwischen, dass ich die Hosen dann tausendprozentig das ganze Wochenende nicht brauchen werde. Deswegen sind unsere Kinder auf diesem Schneefeld die einzigen in dünnen Jeans und auch die einzigen, die einen Puppenbuggy vor sich herschieben und periodisch in hohen Frequenzen kreischen, weil alle vier Meter eins der Babys in den Schnee purzelt. Das macht uns zur meistbegafften Familie auf dem Schneefeld: Was glauben die, dass Sommer ist? Jajaja. Immerhin verschafft uns das Schlammloch die Möglichkeit, diese Bühne sehr plötzlich zu verlassen, wir packen die Kinder ins Auto und fahren heim in unsere total unordentliche Wohnung, was mir sonst gar nicht auffällt, aber vorgestern waren wir bei Mutter Urban und jetzt fällts mir sehr auf. Wobei Mutter Urban, was herzig ist, so gerne unordentlicher wäre, aber sie kann nicht, es ist wie bei mir was Genetisches.

Dafür sind wir eine Familie mit tadellosen Umgangsformen. Ich sitze mit Mutter Hofinger nach „Plüsch" im Foyer vom Dschungel, und sie erzählt was und verwendet dabei ein schlimmes Wort, und zack bauen sich meine beiden Dreijährigen vor ihr auf und skandieren im Chor: Wir! Sagen! Nicht! Scheiße! Es ist gespenstisch, wie in so einem Cronenberg-Film, und Mutter Hofinger schaut die Zwillinge an, dann schaut sie mich an, mit diesem Aber-mich-wegen-der-kleinen-Mozart-Laune-meiner-Tochter-verarschen-Blick,* doch zum Glück spricht sie es nicht aus, weil verarschen sagen wir auch nicht.

** vgl. S. 155; Meine Leitkultur ist das nicht*

Das ist aber ein dickes Schwert

Dieses blöde Cinderella-Buch schon wieder. Verfolgt mich wie Wimmerl, das Ding. Ich verstecks, es taucht wieder auf. Wenn ichs jetzt wegschmeiß, dann fragen die Kinder garantiert heute Abend danach; so sicher, wie sie Fieber kriegen, wenn ich einen wichtigen Job ausgemacht habe und der Lange verreist ist. Plus, ich habe die folgenreichen Worte gesprochen: Nein, du darfst nicht fernsehen. Das Kind: Aber mir ist SOOOO langweilig. Ich: Ich les dir was vor. Das Kind: Na gut, das da.

Das blöde Cinderella-Buch natürlich. Ich: Das ist doch blöd, und ich hab es dir doch gestern schon dreimal vorgelesen, du hast doch viel lustigere Bücher. Das Kind: Buhuhu! Ich: Vor langer Zeit in einem fernen Land lebte die arme Cinderella undsoweiter; blöde Stiefmutter, blöde Schwestern, blöder Prinz, der ganze blöde Mist. Aber dann, auf Seite 17, sagt das Kind plötzlich: Schau mal, der Prinz hat aber ein dickes Schwert. Und heiliger Dingdong, jetzt fällts mir auch auf: Der Prinz hat aber ein SEHR dickes Schwert. Dieses Schwert hat am Prinzenende einen fetten runden Knauf, von dem aus es nicht konisch auf eine Spitze zuläuft, wie man das von einem Schwert eigentlich erwarten darf, nein du, dieses Schwert ist leicht nach oben gekrümmt und hat am Ende ein Giebelchen mit gerundeten Ecken, und sowas hab ich an Prinzen und anderen Männern schon gesehen, aber zum Glück nannten sie es nicht Schwert. Der Disney, die alte Sau. Ich: Ja, das ist halt ein wichtiger Prinz, deswegen hat er so ein großes Schwert. Für diese Sorte von Metaphorikdiskurs ist das Kind definitiv noch nicht alt genug.

Immerhin hab ich jetzt was zu reden, bei unserem nächsten Jour fixe im Dschungel. Den man sich so vorstellen muss: Fünf bis sieben Mütter an einem müllhaldenförmigen Tisch, wo sie zwischen zergatschtem Schokokuchen, zerbröselten Hummerchips und Kakaopfützen nach ihren Glästern tasten und periodisch aufspringen, um ihr Kind von einem der anderen acht bis zwölf Kinder herunterzupflücken, die in einem brüllenden Knäuel zwischen anderen müllhaldenförmigen Tischen herumrollen, an denen andere Mütter verzweifelt nach ihren Gläsern greifen. (Das Personal dort übrigens: wunderbar, von biblischer Gelassenheit.) Es ist alles so herrlich, wie sie es sich gerade ausmalen, deshalb sind die verallgemeinerten Mütter tatsächlich zu 95 Prozent Mütter. Väter stehen sowas nicht durch, muss am Chromosom liegen: Die packen es gerade noch, auf dem Heimweg ihres durch unverschiebbare Termine überraschend verlängerten Arbeitstages reinzuschauen und ihre Brut einzupacken, während sie ein Bier runterschütten, Horror im Blick.

Dafür war der Lange letzten Sonntag mit den Kindern im Theater, was ihn auch glücklich machte. Die SMSe, die nur so auf mein Handy spritzten, enthielten diverse Begriffe, die sich zur Veröffentlichung nicht eignen. Der Lange: ☠☠☠☠!!!!! Ich: willkommen in meiner Welt, Schatzi.

In the Ghetto

Die Sichtung der aktuellen Nachrichtenlage bestätigt den Trend, dass Grazer ihre Babys offenbar signifikant öfter misshandeln, und sie scheinen signifikant depperter zu sein. Nehmen wir mal die Grazerin, die am Wochenende mit ihrem zerstörten Sohn ins Krankenhaus kam und die lebensgefährlichen Verletzungen des vier Monate alten Säuglings damit begründete, dieser sei gestürzt. Manche Leute sind zu dumm und zu degeneriert zum Kinderhaben. Im speziellen Fall – die Mutter drogensüchtig, das Kind schon bei der Geburt abhängig, der Säugling offenbar nicht nur akut, sondern chronisch misshandelt – fragt man sich zudem, wo eigentlich das Jugendamt schon wieder war. Müsste man bei so einer Familie nicht alle drei Tage nachsehen, ob alles o. k. ist? Oder besser täglich? Und falls das aus irgendwelchen Gründen nicht möglich ist, sollten diese Gründe aus der Welt geschafft werden, und zwar ruckizucki.

Es handelt sich hier um ein Problem, das aktuell in den deutschen Feuilletons heftig abgehandelt wird: Dass erstens zuwenige Leute Kinder kriegen, zweitens die falschen. Die Gründe dafür, warum eine hohe und wachsende Zahl von Akademikern (und vor allem Akademikerinnen) keine Kinder will, werden rauf- und runtergebetet: fehlende Kinderbetreuung, falsches Kindergeldsystem, verfehlte Arbeitsmarktpolitik, allgemeiner Werteverfall. Im „Wochenende" der „Süddeutschen Zeitung" wurde noch ein weiteres Argument eingebracht: Es ist den Akademikern scheints nicht vermittelbar, dass es schön ist, Kinder zu haben. Die bedingungslose Liebe von Kindern, die hundert täglichen Gründe für Gelächter, das ständige Staunen über die überraschende Präsenz von Glück, kommt im akademischen Wertekatalog offenbar nicht vor.

Damit soll keineswegs angedeutet werden, gebildete Leute seien bessere Eltern als weniger gebildete; allerdings: Wenn Wissen tatsächlich zu Bewusstsein führt, müsste man eigentlich hoffen dürfen, dass das Bewusstsein darüber, dass und warum man Kinder nicht misshandeln darf, bei gebildeteren Leuten höher ausgeprägt sein müsste. Andererseits kommen in den „Supernanny"-Sendungen vielleicht auch nur deshalb nie Akademiker-Familien vor, weil die auf das Geld, das man dort fürs Vorgeführtwerden bekommt, nicht so angewiesen sind … Ich weiß es doch auch nicht.

Vielleicht sind aber einfach auch die anderen Eltern Schuld. Eben erreichte mich das Mail einer jungen Leserin, die meinte, seit sie eine Zeitlang als Kellnerin im Dschungel-Café gearbeitet habe, sei sie völlig sicher, dass sie nienienie eigene Kinder wolle. Im Dschungel habe sie Mütter und Kinder irreversibel hassen gelernt: ständig Flascherl aufwärmen, immer über Krabbelkinder steigen, sogar dreckige Windeln vom Tisch entsorgen müssen und dann mieses Trinkgeld kriegen.

Das wirft bei mir mehrere Fragen auf: Erstens, warum Mütter so oft der Meinung sind, sie dürften sich, aus Gründen der Demografiepolitik oder was, mehr erlauben als andere. Zweitens aber frage ich mich, warum man ins Dschungel-Café arbeiten geht, wenn man mit Kindern und ihren Bedürfnissen nichts zu tun haben will. Es ist nämlich selbstverständlich, dass das Personal im Drei-Hauben-Lokal jeden Furzwunsch der Gäste ohne zu murren erfüllt, und in einem dezidiert familienfreundlichen Café muss man halt mit Mutterkindfurzwünschen leben können, und wenn man das nicht kann, soll man in einem der 3920 Wiener Lokale, in denen Eltern mit Kindern nicht gern gesehen sind, arbeiten. Das ist nämlich das Problem: Dass Kinder in den meisten Lokalen so unerwünscht sind, dass die paar anderen Lokale zu mütterüberrannten Ghettos werden. Ich geb dort übrigens immer mörder Trinkgeld.

Er wirkte eigentlich nur etwas ochlophob

Ich sags Ihnen ehrlich. Ich würde lieber bei Bret Easton Ellis weiterlesen, als das hier jetzt zu schreiben. Und ich würde auch lieber meinem Kater ein bisserl eine Chance zur Selbstverwirklichung geben, als das hier zu schreiben. Schuld sind, wie so oft, die aufmerksamen Herren vom Rabenhof, die mich beim Protestsongcontest mit Bier dafür entschädigten, dass ich vom Publikum tüchtig ausgebuht wurde. Ist in der Psychoanalyse eigentlich etwas über die traumatischen Folgen von unterdrückten Hangovers bekannt? Das kann nicht gesund sein und entspricht auch nicht den Vorschriften des Sünde-Buße-Prinzips, weil die unvermeidliche Buße hier vom Büßer praktisch eigenmächtig aufgeschoben wird. Also auf den Nachmittag, wenn ich in den Kindergarten kriechen und den dünnen Schweißfilm auf meinem teigigen Antlitz als Folge eines primitiven kleinen Darmvirus darstellen muss, was dann, weil das gelogen sein wird, verlässlich aufs Neue bestraft wird. Man kriegt das Katholische, wenns einem einmal implantiert wurde, so gut wie nicht mehr aus sich raus.

Bret Easton Ellis jedenfalls. Der schreibt in seinem neuen Buch „Lunar Park“, das am Anfang ziemlich überzeugend so tut, als sei es eine Autobiografie, er habe in New York nur einen Block vom Union Square Park entfernt ein Appartement in einem Haus gekauft, in dem auch Tom Cruise und Cher eine Wohnung besäßen. Und das fand ich interessant. Also die Idee, ich hätte Tom Cruise im Aufzug begegnen können, als ich vor ein paar Jahren mal Bret Easton Ellis in seinem Loft interviewte und nachher mit ihm in ein Gartencafé im Union Square Park ging, der nur einen Block von seiner Wohnung entfernt liegt. Aber einerseits ist einem natürlich Tom Cruise total powidl, wenn man gerade das Privileg hat, Bret Easton

Ellis in seiner Küche besuchen zu dürfen, andererseits weiß man in diesem Buch, jedenfalls in den ersten paar Kapiteln, nie, was wahr und was erfunden ist, und vielleicht ist ja Tom Cruises Nachbarschaft reine Fiktion. Denn Ellis behauptet in „Lunar Park" auch, er sei zu jenem Zeitpunkt schwer heroinsüchtig gewesen, und er war, als wir damals sein Haus verließen und auf die Straße gingen, tatsächlich ziemlich nervös, aber heroinsüchtig wirkte er eigentlich nicht. Er wirkte nur etwas ochlophob; aber was weiß eine Fremde.

Das Buch ist übrigens exzellent, jedenfalls bis Seite 203, weiter bin ich noch nicht gekommen, weil ich meine Wochenenden nicht mehr mit Lesen verbringen darf, sondern mit den Kindern Rodeln muss und Jacken für eine grottenschiarche Fußballer-Puppe stricken (immerhin versicherte mir Blumenau, dass es sich bei Alessandro del Piero um einen talentierten und umsichtigen Fußballer handle. Ich glaube aber nicht, dass er im richtigen Leben derartige Jacken trägt) und mich dann noch ein bisserl im Rabenhof öffentlich beflegeln lassen. Meine Zeit reicht ja nicht mal für einen gediegenen Kater, wie soll ich da zum Lesen kommen.

Umsonst ist sowieso nichts

Einer von den aufmerksamen Herren aus dem Rabenhof hat dann angerufen und gesagt, Grüßgott, offenbar haben wir dich mit ein bissl zuviel Bier gefüttert. Weil wie kann man eine Kolumne schreiben in der a) Bret Easton Ellis und b) der Rabenhof vorkommen und nicht erwähnen, dass a) unmittelbar demnächst für eine Lesung in b) vorbeischaut? War das jetzt blöd oder bös? Blöd, excusez moi. Aber ich kann schließlich nicht jedes Plakat bemerken, das man mir direkt vor die Nase pickt. Da ich aber mit Bret Eason Ellis, der übrigens demnächst im Rabenhof liest, eh noch nicht fertig bin, lässt es sich hier relativ leicht unterbringen, dass Ellis, by the way, demnächst im Rabenhof liest.

Ich nehme an, Ellis kommt ohne seine beiden Kinder, vor allem deshalb, weil er Sarah, 6, und Robby, 11, für seine eben erschienen Quasi-Memoiren „Lunar Park“ nur erfunden hat. Dennoch ist dieses Buch des in Wirklichkeit kinderlosen, schwulen Ellis eines der interessanteren Bücher über den Umgang mit Kindern: Erstens weil es sehr lustig ist, wie Ellis′ Hauptfigur – also Ellis – durch eine lästige Heroinsucht aus seinem Leben als gefeierter junger Literatur-Superstar in New York (Drogen, Supermodels, Champagnerduschen, das Übliche halt) herausgebrochen und schlagartig in eine Vorstadtvillenexistenz mit Frau und zwei fixfertigen Schulkindern expediert wird. Culture Clash natürlich, totales Drama, der Held verständlicherweise mehr denn je auf harte Drogen angewiesen. Schon die biedere, schrittweise Elternwerdung weckt bekanntlich den wiederkehrenden Wunsch nach zumindest temporärer Totalsedierung, aber was Ellis durchmacht, jagt einem bereits die Gänsehaut auf, bevor das ganze Stephen-

King-Pipapo mit lebenden Kuscheltieren und the Return of Patrick Bateman überhaupt losgeht.

Zweitens beschreibt Ellis extrem ungerührt, wie man sich eine behütete Kindheit im gutbetuchten Vorstadtamerika vorzustellen hat, wo es beim Schutz von Kindern vor allem darum geht, sie vor ihren eigenen Gefühlen zu bewahren. Was am sichersten funktioniert, wenn man ihnen zur entfetteten Frühstücksbirne einen kleinen Sedativa-Antidepressiva-Cocktail mixt. Nichts, was ich nicht auch schon erwogen hätte, aber natürlich: Ellis übertreibt, aber ich fürchte, er übertreibt nur ein bisschen. Ritalin zu verabreichen gilt auch bei uns längst als vertretbare Erziehungsmethode, und dass ein Kindergeburtstag von einer Eventagentur als Abenteuerspektakel inszeniert werden muss, greift bedauerlicherweise auch hierzulande um sich. Ein Fünfjähriger, der seinen Geburtstag zu Hause mit Kuchen und Saft feiern muss, ist ja sozial erledigt, der kriegt im Kindergarten keinen Fuß mehr auf den Boden.

Bezichtigen Sie mich ruhig unamerikanischer Umtriebe, aber ich halte nicht nur die Amerikanisierung der Nahrungsaufnahme und der Kultur für beklagenswert, sondern vor allem die Amerikanisierung der Pädagogik. Weshalb ich konsequenterweise sagen müsste: Der kaputte Fernseher im Wohnzimmer wird nicht ersetzt. Denn natürlich die ewige Frage: Wieviel Zeit sollen Kinder vor dem Fernseher verbringen? Und ich bin der Meinung: keine. Es tut ihnen nicht gut. Sie verblöden schlagartig, wenn der Fernseher angeht, sie wirken leblos, während sie in das Gerät starren und unbeweglich auf ihren Hintern hocken. Das gefällt mir nicht; leider philosophiere ich das in einem Moment, in dem die Kinder drüben im Schlafzimmer unbeweglich vor dem Fernseher hocken (wir haben selbstverständlich einen zweiten), was mir erst die Freiheit verschafft, hier ein bisschen kulturpessimistischen Antiamerikanismus zu zelebrieren. Umsonst ist wieder mal nichts.

Zwei Sachen machst du bitte nicht

Lobet den Herrn, dass bald Aschermittwoch ist, dann hören die Leute endlich auf, mich auf Kostümpartys in Karaoke-Bars einzuladen. Ich singe nicht in Karaoke-Bars, außer ich bin extrem stark betrunken, was, in Verbindung mit öffentlichem Singen in einer Karaoke-Bar wann das letzte Mal vorkam? Lass mich kurz nachdenken, hmm, einen Moment noch: nie. Nicht einmal nachdem Bill Murray das Singen in Karaoke-Bars zur coolsten Feierabendbeschäftigung des beginnenden 21. Jahrhunderts adelte, was allerdings immerhin den Effekt hat, dass ich betrunkenes Singen in einer Karaoke-Bar nicht vollends ausschließe. Es kostümiert zu tun allerdings schon; nicht mal George Clooney wäre im Stande, den Film zu drehen, der mich dazu bringen könnte, kostümiert auf einer Party zu erscheinen. Und Clooney könnte mich sonst zu relativ viel bringen, was, nach all den Jahren generalfemininer Clooney-Anbetung zugegebenermaßen eine extrem suboriginelle Ansage ist, aber dieser Clooney wird und wird nicht unattraktiver, schon gar nicht, seit er angefangen hat, richtig gute, aufklärerische Filme zu drehen und zusehends zum linksliberalen Hollywood-Chefideologen zu werden, ich schweife ab. Wo war ich?

Ach ja: zwei Sachen machst du, wenn du mit mir befreundet sein willst, bitte nicht mit mir: Du zwingst mich nicht zur Teilnahme an gruppendynamischen Partypsychospielchen bei der Tauffeier deiner Tochter, und du schickst mir kein SMS mit einer Einladung zu deinem Geburtstagsfest, an dem ich bitte kostümiert als Sarah Jessica Parker (Sarah! Jessica! Parker! Wa!Rum!?) und der Lange als Johnny Cash erscheinen sollen. Wo ich mich, wie eine kleine Recherche im Restfreundeskreis ergab, mit Mary Poppins, Sissi, Carmela Soprano,

Ally McBeal, Mozart und der Biene Maja unterhalten könnte, allerdings nicht mit John Wayne, Robin Hood, Shaft, Mutter Teresa, Johnny Cash und dem Schrecklichen Sven, denn die werden verhindert sein. Genau wie Sarah Jessica Parker; wegen versuchter Ehrabschneidung und weil ich dringend meine Beste-Freundinnen-Liste aktualisieren muss. Es gibt Dinge, die der Würde von Menschen ab 38 nicht zuträglich sind, und das Tragen von Perücken, falschen Bärten und lustigen Hüten abseits von Banküberfällen muss unbedingt dazugezählt werden. Also denk nicht mal dran.

Von diesem gesellschaftlichen Höhepunkt werde ich Haemmerli also nicht berichten können: Haemmerli ist aus Argentinien zurück (zumindest the body; the mind ist, wie mir scheint, still following) und verschickt Mails mit unverschämten Inhalten: Wie gehts so? Immer noch UHU? Mit UHU meint Haemmerli: Ums Haus herum, womit er vermutlich andeuten möchte, Mutter verbringe ihre Tage damit, einen Doppelbuggy durch den Hundekotparcours ihres Quartiers zu schieben. Was Haemmerli offenbar nicht weiß: Vierjährige Kinder können sehr gut selbstständig auf eigenen Füßen in die Scheiße treten, plus die Wiener Kulturschickeria ist ohne mich sozusagen gar nicht mehr denkbar. Ich eile zu Premieren, trenne in Jurien Spreu von Weizen, lege öffentlich Platten auf bzw. CDs ein, speise mit Stararchitekten, Regisseurinnen und Bestsellerautoren und schlage die Partyeinladungen im Dutzend aus. Und nicht nur kostümiertes Karaoke, übrigens.

Tu so, als wär alles in Ordnung

Der goldene Tapferkeitsorden am Band geht diese Woche an: Frau Claudia Moser. Applaus und allgemeine Bewunderung, denn die Moser verbrachte einen kompletten Nachmittag auf einem Kindergeburtstag, in einem Raum mit 27 Kindergärtlern (gezählt, nicht gefühlt), 13 oder 14 Müttern und, eh klar, drei Vätern. Ordenbehängwürdig ist daran, dass die Moser von all diesen Personen die Einzige war, die, weil kinderlos, nicht vom Schicksal dort hin verdonnert wurde. Mutter Urban musste, Vater Breuss musste, Mutter Hofinger, die Horvaths mussten, Mutter Bösch und all die anderen Mütter mussten. Ich musste. Die Moser musste nicht, und wusste alsbald nicht mehr, welche amikalen Bande sie in dieses Purgatorium getrieben hatten, warum sie hier war, was sie hier tat, und plötzlich brach ein Schrei aus der Moser heraus. „Ruhe!" schrie die Moser, „RRRUUUUUUHE!", und die 27 Kinder ließen von ihren Kindereien ab und waren mucksmäuschenstill, eine komplette Hundertstelsekunde lang. Danach tätschelten wir der Moser die Wange und schenkten ihr Wein nach und trösteten sie, dass sie, im Unterschied zu uns, ja wieder nach Hause gehen werde, in eine lego- und schnappifreie Wohnung, und nie werden ihre Ohren von diesem „Mamiiiiiiii"-Gejammer gemartert, das I so lang wie der Highway zwischen Texas und Wyoming. Die Moser sagte, danke, ja, aber dennoch habe sie selten zuvor in ihrem Leben so zeitig am Tag den Wunsch nach Alkohol verspürt, und wir haben all ihr Mitgefühl. Na siehst du, sagten wir, und prost, Hopfen und Malz, Gott erhalts.

Auf Kinderstühlen hocken und Wein aus Pumucklplastikbechern trinken und nichts weiter sein als das Personal dieses und dieses Kindes, und auch wie nichts weiter aussehen, denn wo geht man schon hin, es ist ein Kindergeburtstag, da reichen die unförmigen Bequemjeans und Haarewaschen erst morgen völlig, ist ja eh keiner da, der schaut: Das ist alles schlimm genug, aber okay. Und wenn man zusätzlich, sagen wir mal, am Abend zuvor bei Bret Easton Ellis im Rabenhof das Odeur von größerer Welt zu riechen bekam: Passt auch noch, okay. Sogar wenn man danach bis drei in der Früh im „Kiosk“ aufgelegt und mit Eigensperger, Gröbchen, Grissemann und anderen Ausharrern Bier getrunken hat: schmerzhaft, aber okay. Aber wenn es seit Monaten kalt ist und grau und man hat am Abend zuvor „Brokeback Mountain“ gesehen, und sucht seither ohne Unterlass den eigenen Gefühlshaushalt nach Emotionen vergleichbarer Größe ab, findet aber immer nur die Wut darüber, dass man zum zehnten Mal diesen verfluchten Scheiß-Playmobil-Astronauten suchen muss, wie überlebt man so einen Kindergeburtstag? Gluckgluckgluck. Oder wie „Bright Eyes“ Conor Oberst sagt: I think the best that I can do now is pretend that I done nothing wrong. Oder wie der Lange sagt: Lass mich in Frieden, ich muss resignieren. Oder wie Frau Moser sagt: Ruhe! Goldener Tapferkeitsorden übrigens.

Und rufen Sie uns doch gleich ein Taxi

Ich hab Lotte am Telefon, und wir reden über dies und das, Leila, die Mimis, Winterdepressionen, neue CDs und über Filme, die wir gesehen haben und noch sehen wollen, und Lotte sagt, übrigens, interessante Beobachtung, ich kenn keinen heterosexuellen Mann, der sich «Brokeback Mountain» freiwillig anschaut. Ha, sag ich, da kann ich mitreden, denn als die Kinder am Samstag wieder mal bei den Horvaths übernachteten, mussten der Lange und ich uns auf einen Film einigen, und da schied «Brokeback Mountain» schon in der ersten Runde aus.

Kommt. Nicht. In. Frage., sagte der Lange mit einer Endgültigkeit im Tonfall, mit der er sonst höchstens Wünsche der Kinder oder Kinderwünsche abschlägig bescheidet. Kommt. Nicht. In. Frage. In der zweiten Runde schieden «Good Night, and Good Luck» aus (der Lange: Schwarzweiß?! Ts.), «Matchpoint» (der Lange: Chick Flick. Ich: nein, Woody Allen. Der Lange: sagte ich doch, Chick Flick), «Der rosarote Panther» (ich: Kommt. Nicht. In. Frage.), «Elementarteilchen» (der Lange: Ulmen beim Pudern zuschauen? Bittegarschön.) und «The New World» (der Lange, sonst ein treuer Terrence-Malick-Fan: aber sicher.) Übrig blieb «Syriana», der einzige aktuelle Film, auf den wir uns beide einigen konnten, auch wenn der Lange im ersten Drittel murrte: Was soll jetzt an dem Film eigentlich so brutal anspruchsvoll sein, wie alle tun? Ich: Okay, das Niveau vom «Rosaroten Panther» erreicht er natürlich nie, aber komplett anspruchslos find ich ihn dennoch nicht. Was der Lange dann ab der zweiten Hälfte eh zugeben musste, weshalb wir nachher in relativer Harmonie essen gehen konnten, mit dem üblichen Ausgangsausgang: Sollen wir noch in die Rote Bar schauen? Wir könnten aber auch hier noch ein Bier trinken. Übrigens war gestern die neue Staffel der «Sopranos» in der Post. Zahlen bitte; und rufen Sie uns doch gleich ein Taxi. Noch vor Mitternacht lümmeln wir zu Hause vor acht neuen «Sopranos»-Folgen, und anderntags, bevor wir die Kinder abholen, reiben wir uns die Augen rot und parfümieren uns mit abgestandenem Bier, um den übernächtigen Horvaths weiszumachen, wir hätten unsere kinderlose Nacht den Vorschriften entsprechend verbracht.

«Brokeback Mountain» hab ich mir dann mit Lotte angesehen, und diese Geschichte wühlt sich immer noch durch meine Eingeweide. Weil man halt nicht aus diesem Film rausgehen kann, ohne den eigenen Gefühlshaushalt nach vergleichbaren Emotionen abzusuchen. Wo die meisten von uns natürlich nichts auch nur annähernd Adäquates finden, vielleicht, weil wir auf unsere Lieben in dünnwandigen WG-Zimmern, stecken gebliebenen Aufzügen und grindigen Hotels ohne Soundtrack trafen, und nicht in den Bergen von Wyoming. Oder: Weil wir sie kriegten. Weil sich unsere Wünsche erfüllten und uns der Alltag alles Sehnen ausgetrieben hat. Denn natürlich funktioniert «Brokeback Mountain» nur, weil den beiden Cowboys das gemeinsame Leben verwehrt ist. Weil sie sich von Auszeit zu Auszeit sehnen konnten, und weil das gemeinsame Leben ein unerfüllter Wunsch blieb, weil sie sich nie darüber zerkrachten, wer dran ist mit Einkaufen und Kinder abholen, und warum der Wäscheberg so hoch, und wer letzte Woche grantiger war und wer Schuld ist, dass die Gangschaltung beim Auto schon wieder Mucken macht. Nur. Ganz sicher bin ich mir nicht, was schlimmer ist.

Sind Sie ein Spießer?

Apropos Spießer. Kollege Robert Misik hat kürzlich einen hübschen Essay über das neue Spießertum verfasst, der nur einen Makel aufweist: Er beantwortet nicht die zentrale Frage, was denn nun die Insignien der klassischen Spießerei sind. Was exakt zeichnet den gemeinen Spießer aus, welche Dinge hütet, welche Haltungen pflegt er? Trägt er zu Hause Filzpatschen, zwingt er seinen Säugling in eine Religionsgemeinschaft, wäscht er jeden Samstag sein Auto, hat er ein Biokistl-Abonnement, wäscht er nie sein Auto, besitzt er eine Gemüsebürste, bezieht er ein „Du"-Abo, hat er einen Buena-Vista-Social-Club-Klingelton, zieht er seine eigenen Tomaten und lässt es alle wissen, besitzt er von Nirvana das Unplugged-Album (und nur das Unplugged-Album), ordnet er seine Bücher und CDs nach dem Alphabet, presst er Gemüsesäfte mit der Küchenmaschine, hat er Angst um seine teure Couch?

Und: Was ist das Gegenteil von spießig? Die größtmögliche Distanz zum im deutschen TV zelebrierten Dekowahn, und Essen nur mit dem Telefon zu kochen? Muss man als deklarierter Nichtspießer sehr teure oder sehr schäbige Kleidung tragen? Muss man die Babyshambles als die Auferstehung des echten Rock'n'Roll feiern oder entschieden ablehnen? Ist Stricken und Nähen superspießig oder feiert Selbermachen gerade eine Renaissance als bewusst antikapitalistische, globalisierungskritische Konsumverweigerungshaltung?

Das ist es nämlich, was in der Spießigkeitsdebatte fehlt: ein verbindlicher Sind-Sie-ein-Spießer?-Fragebogen zum Ankreuzen, und am Schluss kommt raus, dass man nur 15, 8 Prozent verspießert ist. Oder leider schon 62,7 Prozent.

Noch eine wichtige Frage: Kann man auch temporär Spießer sein (zum Beispiel wenn man grad Kinder gekriegt hat, eine Lebensphase in der angewandte Biedermeierei zumindest vorübergehend die praktikabelste Existenzform zu sein scheint) und dann wieder damit aufhören? Das Problem ist, dass man sich, wenn man sich im Spießigen mal hübsch eingerichtet hat, aus Gründen der Bequemlichkeit oder eines irreparabel dekonstruierten Stilbewusstseins meist schwer wieder davon trennt.

Plus: Schreitet die eigene Verspießerung munter fort, merkt man es erstens selber nicht, und ist man zweitens verlässlich der Letzte, der davon erfährt, so wie ich selbstverständlich die Letzte war, die vom „noi" erfahren hat. Jahrelange predige ich, dass der Brunnenmarkt endlich ein kulinarisches Zielgebiet werden muss, entblöde mich nicht, im Suff Innenstadtwirte anzuflehen, dort bittebitte eine Ergänzung zu Kent, Saigon und Club International aufzusperren, etwas für den anspruchsvolleren Multikultispießer sozusagen, bisschen raffinierteres Essen vielleicht und ruhig auch ein paar anständige Weine, und als die fabelhafte junge Köchin Denise Amann direkt am Yppenplatz mit dem total feinen, kleinen Restaurant „noi" alle meine Wünsche erfüllt, erfahre ich es schon zweieinhalb Monate später aus der Zeitung. Demütigt mich ruhig weiter, weil eine 53,1-prozentige Spießerin wie ich hat definitiv nichts anderes verdient.

Es stört uns extrem, Bürgermeister

Sagen wir mal, es besteht der Verdacht, dass das Kind den kleinen Plastik-Eisbären aus dem Naturhistorischen Museum im Auto verloren hat, weil es später, bei der Heimfahrt vom Spielen beim Max, eingeschlafen ist: Das Kind, das aufgrund der expandierenden Tageslänge nun wieder gern um sechs Uhr Früh an seiner Mutter rüttelt, wird von 6.01 Uhr bis 8.15 Uhr, während Mutter diverse Kleidungsstücke an Leiber klettet, die Worte „Eisbär", „verloren", „vielleicht" und „Auto" gefühlte 61 Millionen Mal in nur milde variierenden Satzgefügen untergebracht haben. Ja. Sicher. Ja. Ihr findet ihn. Ja. Ja. Ja. Liegt dort. Bestimmt. Um 8.16 Uhr tropft Mutter innen an der Wohnungstür runter, während draußen das Kind seinen Vater treppab wegen so einer Eisbär-Auto-Sache befragt, bis die Haustür ins Schloss fällt. Enjoy the Silence. Und versuch dein Sprachzentrum im Gehirn soweit eisbärfrei zu kriegen, dass du deinen Namen wieder memorieren kannst.

Natürlich können sich vierjährige Kinder allein anziehen. Bloß verlieren sie diese Fähigkeit an jedem beliebigen Kindergartentag, wo selbst das Überstreifen einer Socke ihre motorischen Qualifikationen restlos überfordert. Am Samstag aber, als die Kinder bei Oskar eingeladen waren und wir 61 Millionen Mal besprochen hatten, dass wir das Haus zu diesem Zweck um halb vier verlassen würden, der kleine Zeiger hier, der große hier, rüttelte das Kind um elf an der Wohnungstür, fixfertig angezogen mit Stiefeln, Schal und Fingerhandschuhen. Gemma jetzt endlich.

Apropos endlich: Am Dienstag hängte ich im Kindergarten zwei leere Unterschriftenlisten gegen die völlige Verschissenheit Wiens auf, vier Tage später bekam ich sechs ausgefüllte zurück. Das stärkt meinen Verdacht, dass auch andere Leute endlich nicht mehr in Hundescheiße steigen wollen, und dass die „Hundstrümmerl-Petition", die dieses anbetungswürdige Brigittenauer Mütterrudel gestartet hat, ein Riesenerfolg werden wird: so ein Erfolg, dass der Bürgermeister die täglichen 20 oder 30 Tonnen Hundescheiße auf Wiens Straßen nicht mehr ignorieren wird können. Es stört uns nämlich, Bürgermeister. Es stört uns extrem, vor allem in jener Lebensphase, in der wir kleine Kinder haben, die wir täglich durch diesen Scheißeparcour in Schulen und Kindergärten dirigieren und davon abhalten müssen, städtische Grünflächen zu benutzen. Denn die sind nur für Hunde, wie die Schneeschmelze gerade wieder überdeutlich zeigt; es ist eine derartige Schweinerei. Gehen Sie doch spazieren, Bürgermeister, und machen Sie mal ein bisschen Stadtbildkontrolle. Alles zugeschissen.

Egal? Nein. Jetzt wird unterschrieben und so Druck gemacht: auf www.hundekot.at*, wo man sich direkt eintragen oder Anti-Hundstrümmerl-Unterschriftenlisten ausdrucken kann, damit der Bürgermeister endlich etwas unternimmt. Weg der Dreck! Vielleicht wird dann mein Sprachzentrum auch mal wieder hundescheißefrei, Zeit wärs.

**)Die Petition wurde von 157.631 Wienerinnen und Wienern unterschrieben. Ja.*

Sag Entschuldigung

Als ich noch keine eigenen Kinder hatte, als ich Kinder von Freundinnen mit dem gleichen sorgfältig kaschierten Desinteresse zur Kenntnis nahm, mit dem Manu meine Kinder zur Kenntnis nimmt, dachte ich immer ungefähr: Kinder kommen auf die Welt, sind Babys, dann Babys, dann immer noch Babys, können mit einem Jahr krabbeln und auf Designerblusen spucken, mit zwei Jahren Regale ausräumen und CDs zerstören, mit drei auf zwei Beinen dahintapsen und penibel gestapelte Unterlagen von Tischen fegen und ungefähr mit vier oder fünf, so vermutete ich damals, lernen Kinder allmählich einzelne Worte sprechen, die einen Sinn ergeben, wenn sie ungefähr sieben sind.

Jetzt sind die Mimis etwa vier, und wir sprechen über das Weltall und was man alles können sollte, wenn man Astronaut werden will. Sie wollen wissen, was der Unterschied zwischen Bakterien und Keimen ist. Sie wollen wissen, woraus man ein Auto baut, wie Fleisch entsteht, was «Rakete» auf Englisch heißt und ob «Raumschiff» mit einem R anfängt. Sie können die «Kleine Nachtmusik» jodeln und «Autobahn» von Kraftwerk. Ich soll ihnen sagen, was nach dem Tod kommt, warum man alt werden muss, wo der Opa Sepp jetzt ist und was sie sich unter «Himmel» vorzustellen haben. Ich soll ihnen versprechen, dass sie nie alt werden und nie sterben und die Oma Herta und die Oma Helene und der Opa Kurt auch nicht.

Sie erklären Mutter Hofinger, ihre Terrasse wär ziemlich schmutzig, ob sie das bitte schnell mal ein bisschen putzen könnte. Sie wissen, dass nicht die Hunde an dem Gacki auf der Straße schuld sind, sondern ihre Besitzer, die das nicht wegmachen. Wers wissen will, kriegt von ihnen erklärt, dass man nicht so oft Pommes essen soll, weil man sonst irgendwann nicht mehr durch die Tür passt. Sie wollen wissen, ob Mangoeis gesund ist. Aber Mango schon? Warum? Sie wissen, dass man im Winter keine Erdbeeren kauft. Sie glauben an kleine unsichtbare Drachen.

Die Antworten auf die Frage, was sie sich mit dem Ersparten aus ihrem Sparschwein kaufen wollen, lauten «Powerranger» und «Stöckelschuhe». Hab ich brav geesst?, fragen sie beim Abendessen, und eine positive Antwort ist in unserem Haushalt – dafür haben sie gesorgt – so viel wert wie eine schriftliche Nachtischgarantie. Sie entschuldigen sich ständig, was mir ein schlechtes Gewissen macht: Sollten sich vierjährige Kinder wirklich schon entschuldigen? Und so oft? Setze ich sie zu stark unter Druck? Gebe ich ihnen das Gefühl, ständig etwas falsch zu machen? Aber einmal, als das eine Kind gerade berechtigten Tadel empfing, hörte ich, wie das andere Kind ihr zuflüsterte, sag Entschuldigung, dann gibt sie Ruhe. Sie suchen sich ihre Kleidung selber aus. Sie können Kopfstand und in der Badewanne tauchen. Die eine wünscht sich zum Geburtstag ein Barbiehaus, die andere will jetzt schon ihr halbes Leben lang ein Bub sein, und sie hat uns und alle ihre Freunde längst dazu gebracht, das zu respektieren, und das Glitzerarmband, das ihr kürzlich eine Bekannte schenkte, gab sie zurück, weil danke, aber das ist für Mädchen. Während die andere eine merkwürdige Affinität hat, für Bücher, für die sie viel zu klein ist, sie trägt Stanislav Lem und Rainald Goetz und das „Swissair"-Buch mit sich rum und lässt sich das nicht wegnehmen. Sture Kinder. Meine Kinder.

Dann krieg doch einfach keins

Ins Restaurant kommen wir so gut wie nie. Also mit den Kindern. Zuletzt haben wirs versucht, das muss über ein Jahr her sein. Sie rannten durchs Lokal, bliesen alle Kerzen aus, schütteten Orangensaft quer übers weiße Tischtuch und beschimpften ihre Pasta: Was ist das grausliche Grüne da? Die Kellner waren unglaublich nett. Der Lange und ich genierten uns Löcher in die Oberschenkel. Danach haben wir die Kinder nie wieder abends mit in ein Restaurant mit Tischtüchern genommen. Früher, da haben der Lange und ich ständig auswärts gegessen. Jetzt essen wir zu Hause.

Einige unserer Bekannten sind der Meinung, das Leben müsse auch mit Kindern genauso weitergehen wie vorher. Sie finden, dass es notwendig sei, die Gesellschaft an den eigenen Kindern in all ihren Facetten teilhaben zu lassen und die Kinder an allen Facetten der Gesellschaft. Ich bin auch der Meinung, dass die Gesellschaft familienfeindlich ist und dass die Präsenz von Kindern in vielen sozialen Bereichen selbstverständlich werden muss. Aber an manchen Orten und zu gewissen Zeiten haben Kinder einfach nichts verloren. Einjährige gehören nicht ins Openair-Konzert. Zweijährige nicht nach zwanzig Uhr ins gediegene Restaurant. Dreijährige nicht in Filme ab sechs, und Vierjährigen tut ein abendlicher Plausch in lauten, verrauchten Nachtclubs nicht wohl.

Kinder an solche Orte mitzunehmen, bedeutet nicht die Schaffung familienfreundlicherer Normalitäten: Es ist eine Zumutung. Erstens, zweitens, drittens für die Kinder. Viertens werden Kinder, die Situationen ausgesetzt werden, die sie überfordern, sehr schnell – sie können gar nicht anders – eine Zumutung für die Umgebung. Auch für ihre Eltern, die das natürlich nicht zugeben wollen. Was ich mich manchmal frage: Warum bekommen Leute Kinder, wenn es ihr Leben nicht verändern soll? Denn bei allem, was du vorher übers Kinderhaben nicht weißt und nicht wissen kannst, eins müsste dir doch, wenn du eine Elternwerdung erwägst, klar sein: So gehts garantiert nicht weiter. So kanns nicht bleiben, und eigentlich: Solls ja auch nicht, denn wenn dir das Kind nicht ungewollt passiert ist (und wenn du, seien wir großzügig, im Alter von über 25 von einer Schwangerschaft überrascht wirst, hast du ein massives Realitätstauglichkeitsproblem, denn was rauskommt, wenn Bumbum ohne Schutz, das weißt du doch schon, seit du elf bist), wenn du ein Kind also nicht verhinderst, wenn du es akzeptierst: Dann hast du dafür ja einen Grund. Irgendwas fehlt dir noch. Das kann doch noch nicht alles gewesen sein. Du willst noch was anderes. Du willst Überraschung, du willst Perspektivenänderung, du willst eine Verantwortung, die über dieses Portfolio und jenes Projekt hinaus geht. Du willst ein anderes Leben.

Wenn du aber kein anderes Leben willst, dein Leben gar nicht ändern willst, wenn dein Leben dir gefällt, genauso wie es ist, wenn dir nichts fehlt und du gerne deine Ruhe hast und sechsmal die Woche bis Mitternacht in einem Restaurant mit Tischtüchern und Kerzen dinieren willst: Dann krieg doch einfach kein Kind. Bleib allein oder zu zweien. Leb weiter wie es dir gefällt. Krieg keins! Das ist das Beste für alle.

Ich bin im Herzen ein Punk-Rebell

In der aktuellen „Freizeit“ hält Trend-Lady Isabella Klausnitzer mit verständlichem Besitzerstolz ihre Balenciaga-Tasche in eine Kamera und erklärt im dazugehörigen Text, solche Taschen würden vor allem von „Ich bin im Herzen ein Punk-Rebell-Fashionistas“ getragen. Dieses faszinierende Verständnis von Punk und Rebellentum vermag selbst eine allem Ideologischen gegenüber längst abgestumpfte Spießersau wie mich zu interessieren: Ach, das ist also Punk, diese drei verstörenden Lederriemen an einer 1150-Euro-Tasche? Ich hatte Punk immer für eine ungewaschene und ziemlich reiche-Schnepfenfeindliche Jugendbewegung aus den späten Siebzigern gehalten. Aber aha. Man lernt ja nie aus. So also.

Aber ehrlich, ich lass mir von derartigen „Ich-lebe-im-Fall-nicht-auf-eurem-Planeten“-Kolumnen immer gern ein bisschen das Weltbild justieren. Ich besuche solche Seiten mit der gleichen aufgeregten Neugier wie meine Kinder den Tiergarten Schönbrunn: Wie die Kinder die neuen Nashörner – woah brutal, phhhh arg – , bestaune ich diesen Verwöhnte-Gattinnen-Eskapismus, dieses Elend mit der perfekten Zehennägel-French-Manicure; oder diese grauenhafte Ungewissheit, ob es gelingen wird, sich in L. A. (wo man besser einen Zweitwohnsitz unterhält, via Internet ist man leider meistens so gut wie schang-ssen-los) auf die Warteliste für ein Paar überlebensnotwendige 1300-Dollar-Designer-Sandalen zu schwindeln. Da zittere ich mit.

Apropos Sandalen. Weil an dieser Stelle muss ich sagen: Du hattest natürlich Recht, Manu. Denn als ich Manu letzte Woche mal ein Was-machst-du-am-Abend-SMS aus dem Büro schickte, sagte Manu, magst nicht mitkommen in den Zigarrenclub, da ist heute so eine Art Medienweibertreffen, und Uschi Fellner wird erklären, wie Frauen die mediale Hegemonie an sich reißen können oder so. Ich hab gesagt, erstens hab ich für den Zigarrenclub einfach nicht das Format, zweitens will ich ja nicht arrogant sein, aber was kann ich von Uschi Fellner lernen, außer, wie man Herausgeberin wird, indem man einen Herausgeber heiratet? Dieser Zug ist für mich abgefahren, schau mich an: zu alt, zu abgefuckt, total unniedlich, nicht mal fake-blond, und dann beiß ich auch immer mal gern die Hand, die mich füttert; machen wir uns nichts vor, mich nimmt kein Herausgeber mehr. Ja, aber es wird verlässlich interessant, sagte Manu, doch ich blieb stur und hatte damit wieder mal unfassbar Unrecht.

Denn ich hätte von Uschi Fellner allerdings etwas lernen können, nämlich dass auch Frauen Zeitung lesen, und wie man in einer Minus-zwei-Grad-Winternacht mit Würde goldene Sandalen an nackten Füßen trägt. (Eine unauffällig-perfekte French Manicure an den Fellnerschen Zehennägeln setze ich jetzt einmal als selbstverständlich voraus). Das werde ich nun nie erfahren. Und zweifellos wird mir dieses Wissen einmal bitterlich abgehen, und dann werd ich mich so anschaun, aber so.

Trag ich eigentlich eine Sonnenbrille?

Von Murakami hab ich immer noch nichts gelesen, aber am Sonntag, vor der Nachmittagsvorstellung vom „Räuber Hotzenplotz“ in einem kleinen Vorstadt-Kinocenter, stecke ich meinen Kopf vollständig in eine Magnum-Tüte Popcorn und stehe einfach herum wie eine ganz normale One-Minute-Sculpture von Erwin Wurm. Entschuldige, was MACHST du da?, fragt Mutter Hofinger. Die Fellners, sage ich, hinter dir. Nun ist die Chance, dass die Fellners meine Visage erkennen, gleich Null, trotzdem: Man will ja kein Risiko eingehen. Weil typisch. Extra gehe ich nie an Orte, wo ich Leute treffen könnte, die Gründe haben, mich zu ohrfeigen; aber kaum erörtere ich ein bisschen die Herausgeberinwerdung von Uschi Fellner, begegne ich ihr schon in einem Vorstadtkino beim „Hotzenplotz“.

Übrigens nicht schlecht, der „Hotzenplotz“. Nicht „Brokeback Mountain“, aber nicht unambitioniert. Sehr tschechisch, ziemlich lustig. Die Kinder hatten allerdings die halbe Zeit die Hände über den Augen. Habt ihr Angst, sollen wir rausgehen? Nahahein. Immerhin sind diese eineinhalb Stunden Kino in dieser Phase der lückenlosen Wochenendverplapperung die friedlichsten außerhalb der Schlafenszeiten, die, windelfreies Schlafen und frühes Morgengrauen sei Dank, auch immer kürzer werden. Es ist halb sechs Uhr früh am Sonntag, und ein Kind heult aus dem Kinderzimmer, weil es sich angebrunzt hat, und während der Lange fluchend aus dem Bett kräult, drehe ich mich gemächlich auf die andere Seite. Weil gestern, viertel vor sechs, bin *ich* fluchend aus dem Bett gekräult.

Solche kleinen Abenteuer sparen sich Kinder selbstverständlich sorgfältig für die Wochenenden auf; unter der Woche schlafen sie gern ein wenig länger, weil wir da gar nichts dagegen hätten, früher aufzustehen. Wir haben nämlich kürzlich beschlossen, nicht mehr zu den miesen Eltern zu gehören, deren Kinder ohne Frühstück in den Kindergarten kommen. Beziehungweise zu den depperten, die täglich eine Sechs-Euro-Pauschale dafür bezahlen, dass ihre Kinder dann am Jausenbuffet ein Toastbrot mit nichts verdrücken.

Mamaaaa? Ja. Liest du? Ja. Mamaaa? Ja. Trag ich eine Sonnenbrille? (Blöde Frage, aber) ja. Warum? (Waruuuum??!!) Weil du mich seit sieben in der Früh wegen der Schsonnenbrille nervst und ich acht Spielzeugkisten nach der blöden Sonnenbrille durchsucht und sie dann in deinem Rucksack gefunden habe, und danach nochmal unter der Küchenbank und dann in deiner Jackentasche, wie war nochmal die Frage?!? Mama. Wassss. Kannst du mir einen Triceratops zeichnen?

Man wird von dem Gefrage wahnsinnig, und ich meine wahnsinnig nicht in einem metaphorischen Sinn. Sondern wahnsinnig im Sinn von wahnsinnig, dass man die Augen zukneift und die Hände auf die Ohren presst und irre Schreie ausstößt und von seinem Lebensgefährten in ein anderes Zimmer geführt und mit einer Decke bedeckt wird; so wahnsinnig. Und dann will man auch nicht Murakami lesen.

Ziemlich heiß hier

Das muss schneller gehen. Ich muss raus, ich brauch ein neues Rad. Ich muss bis zwölf raus. Denn wie ich gestern mit Commandantina Dusilova beim Lunch im Palmenhaus saß und wir über dies und das und Talkshows und Fahrraderwerb konversierten, sagte ich mit den roten Backen der Gerechten, dass ich, nein, mein neues Rad nicht in einer Großhändlerfiliale kaufen werde, nein, sagte ich strahlend, ich unterstütze den Einzelhandel, ich will belebte Innenstädte und ein florierendes Kleingewerbe und wohlgenährte Kleinunternehmerkinder, ja. Nachdem ich vor dem Palmenhaus auf Dusilovas Rad eine Runde gedreht und die Stoßdämpfer bewundert hatte, schwang ich mich auf meine alte Kraxn und radelte mit Freude im Herzen zum tapferen Einzelhändler, wo ich vor verschlossener Tür stand, denn der Einzelhändler macht gern mal zwei Stunden Mittagspause.

Das muss schneller gehen. Ich muss Wäsche waschen. Der Lange beklagte heute mit den roten Backen des Gerechten, dass seine Hemden schon wieder nicht gewaschen sind, und könnte ich mal kurz um mich blicken? Er hat auch viel Arbeit und trotzdem wate ich nicht im Müll. Er hat, was nicht gut ist und verlässlich bestraft wird, Recht. Denn während bei uns sonst Kinder, Kochen, Aufräumen, Einkaufen und Rumbrüllen ziemlich fiftyfifty verteilt ist, ist der Lange vollumfänglich für den Müllabtransport zuständig und ich vollumfänglich für die Wäsche: Ich schlepp nicht gern tropfende Müllsäcke die Stiegen runter, der Lange ist im Gegenzug farbenblind. Der Wäschehaufen ist im Moment, nun ja, groß, selbst die Kinder haben sich schon beschwert: lila Rock, Fußballkluft, alles da drunter. O. k. o. k., ich mach ja schon.

Die roten Backen im Palmenhaus hatten aber auch damit zu tun, dass ich schwitzte wie ein Schwein. Finds nur ich viel zu heiß hier? Rundherum wirkten alle trocken und entspannt, aber die waren abends zuvor auch nicht im Winetime, im rhiz, im Chelsea und im WUK gewesen und hatten überall ein bisschen was getrunken. Wie die „Streets" nach Mitternacht endlich zu spielen begannen, hatte ich mich im Schutz der Dunkelheit zu ein wenig altersunangemessener Unwürdigkeit hinreißen lassen, uhuuute und jeheeete und hüpfte auf und ab, und das obwohl ich mir erst kürzlich von der „Süddeutschen Zeitung" sagen lassen musste, ich gehörte zu den „nervtötend orientierungslosen, sich unablässig selbst beobachtenden Scheinjugendlichen", die immer DJ und Rebell bleiben wollen. Das hatte mich natürlich tief getroffen, und ich wollte auch in mich gehen, von der Selbstbeobachtung zur kritischen Introspektion sozusagen, erwachsen werden, Verantwortung übernehmen, nicht immer so peinlich juvenil deppert sein. Dann fiel mir auf, dass ich, hallo, das eben gerade den ganzen Tag und die ganze Woche und das ganze Jahr und eigentlich seit der Geburt der Kinder und schon vorher getan hatte, und ich fand, dass ich mir jetzt ein Bier oder zwei und einen kleinen Ausflug ins Kindische als Belohnung echt verdient habe. Plus ein neues Rad. Und zwar ein gutes diesmal. Ich muss jetzt wirklich raus.

Das wird das Vater-Tochter-Verhältnis nicht optimieren

Der Lange zielt, schießt, der Ball springt vor dem Kind auf und dem Kind an die Stirn, bong. Oje. Das wird das Vater-Tochter-Verhältnis nicht wesentlich optimieren. Das Kind brüllt augenblicklich los, und aus einer gewissen Erfahrung heraus lässt sich jetzt mehrerlei prophezeien: Es wird damit so bald nicht aufhören, da kann der Lange sich, womit er im Moment beginnt, noch zehn Mal vor dem Kind in die Wiese werfen, und er kann auch noch tausend Entschuldigungen stammeln: Das Kind ist empfindlich, und das Kind ist nachtragend, sehr, sehr nachtragend.

Jetzt liegt es wimmernd auf dem Rücken, kleine, verzweifelte Schluchzer entfahren seiner Kehle, dazwischen trostloses Geheul: Es ist entsetzlich misshandelt und verletzt worden, und es wird nun gewiss nicht mit dem Verursacher seines Schmerzes über Reparation verhandeln, weg. Ein Vermittler muss her, die Mutter muss her. Weil ich mein Kind kenne, hab ich beim ersten Brüller Moritz von Uslars erstklassigen Roman «Waldstein oder Der Tod des Walter Gieseking am 6. Juni 2005» fallen gelassen und bin längst unterwegs, um zu trösten und um den Graben zwischen Vater und Kind so weit wie möglich wieder zuzuschaufeln. Er hats ja nicht mit Absicht gemacht. (DOOOCH! HAT ER! ICH HABS GENAU GESEHEN!) Nein, hat er nicht. (HAT ER DOCH!) Hat er nicht, mit Bällen kann er nicht so. (ABER ER HAT GENAU IN MEIN GESICHT GESCHOSSEN! GAAANZ FEST!) Dass er dein Gesicht getroffen hat, beweist nur, dass er ganz woanders hingezielt hat. Dein Vater hat noch nie mit einem Ball etwas getroffen, auf das er gezielt hat. Manchmal trifft er noch nicht mal den Ball, weißt du doch. Tuts noch weh? Wo genau? Soll ich Heileheilesegen singen?

Fußball spielt im Leben des Langen eine extrem untergeordnete Rolle, theoretisch wie praktisch. Das war mit ein Grund, warum der Lange von Beginn an um Töchter gefleht hat; wenn schon unbedingt Kinder hermüssen, dann lass es Mädchen werden, Gott: Die schmusen und lesen gern, prügeln sich nicht und interessieren sich nicht für Bälle. Alles so nicht wahr, natürlich, aber im Unterschied zur Fußballleidenschaft ihres Freundes Oskar beschränkt sich die Fußballleidenschaft meines Bubenmädchens darauf, dass sie im coolen Juventus-Dress mit einem Bilderbuch auf der Couch liegt, Schienbeinschoner inklusive.

Das hat sie zweifelsfrei vom Langen, der vorhin das Volk in den Kindergarten gebracht hat und jetzt im Flur draußen auf eine Weise flucht, die den Kindern wochenlanges Fernsehverbot einbringen würde: Der Lange versucht gerade, sein Rad aufzupumpen. Der Mann kocht und haushaltet spitzenmäßig, aber das Talent im Technischen ist bei dem in einem Maße unterentwickelt, das mit dem Begriff Vollpfeife überaus unzureichend charakterisiert ist. Es existiert kein Wort für so viel technische Blödheit. Da geht verdammte Dreckscheiße keine Luft rein!!! Lass mich mal sehen, Schatzi. Aha. Schau, zuerst schraubst du das obere Dingens runter, dann öffnest unten dieses kleine Schräubchen, nein, das macht nichts, wenn da ein bisschen Luft rauspfpft, dann schraubst du das obere Dingi wieder rauf, dann steckst du die Pumpe drauf, fixierst sie mit dieser Klappe und Halleluja, ist das nicht verblüffend. Wir wiederholen das übrigens jeden Frühling seit elf Jahren. Aber lesen und so kann er super.

Grüßgott in Voradelberg

Der Bär ist das Ländle schon geflohen, aber wir sind noch da und tun, was eine Stadtfamilie bei den Großeltern am Lande tut: die Kinder (hier: die armen, armen Stadtkinder) kugeln über den Rasen, freunden sich mit den Haustieren der Nachbarn an und stecken bis zu den Hüften im Schlamm. Mutter sieht allmählich ein, dass es sich bei Miete, Gleichberechtigung und Bankgeheimnis um rein urbane Prinzipien handelt, die man besser vor dem Arlbergtunnel zur Aufbewahrung hinterlegt. Auf all das wird hier wenig praktischer Wert gelegt, wie einfache Konversationen oder ein Besuch in der lokalen Bank-Filiale beweisen. Auch der Bär tat gut daran, Vorarlberg in Richtung Tirol zu verlassen, der Stolz, den Touristen nun auch einen Braunbären als Attraktion anbieten zu können, wurde unmittelbar von der Angst um die Vollständigkeit der Touristen abgelöst. Schon nach Stunden wurde das Verhalten des Bären als bärenuntypisch eingeschätzt; man lud bereits die Gewehre. Auf Warnplakaten, die auf einer Baustelle, auf der der Bär vorbeigelugt hatte, vor dem Bären warnen, hat der Bär, ich habs in den VN gesehen, eine eklatante Ähnlichkeit mit King Kong in einem eher unrunden Moment. Probleme werden hier nicht verniedlicht.

In der lieblichen Ebene des Rheintals, eine der hässlichsten Regionen der Welt, spielt der Bär keine größere Rolle, denn hier müssen noch mehr Einfamilienhäuser errichtet werden. Irgendjemand aus der Verwandt- oder Bekanntschaft baut immer gerade, darauf gibt's Ländle-Garantie. Und darüber macht man als Stadtwohnungsmieter natürlich gerne Witze, naheliegende, aufgelegte Witze, bis man, also bis ich an einem lauen Frühsommerabend vor dem verrückt lässigen Haus meines Freundes Xaver sitze, mitten im fetten grünen Gras.

Die Kinder streicheln Geißenbabys und jagen Hühner, nebenan grasen attraktive Kühe, vor mir Blumenwiese, neben mir Blumenwiese, die nächsten schiarchen Fertighäuser bleiben brav in schönheitssinnschonender Entfernung, und am Horizont haben sich die Schweizer Berge in der untergehenden Sonne in einer Pracht aufgefädelt, die selbst eine Zynikerin wie mich komplett schmähstad macht. Und mein Das-will-ich-auch-Reflex lässt sich nur mit allergrößter Anstrengung unterdrücken.

Wie ich am nächsten Tag in der lokalen Bankfiliale wegen einem Häuslbauer-Kredit nachfragen will, wird mir die Wartezeit in der Schlange durch eine kleine Unterhaltung versüßt: Die Sachbearbeiterin, die ganz hinten vor ihrem PC sitzt, brüllt dem Schalterbeamten vorne zu: Die Frau X. braucht schon wieder Geld! Der Schalterbeamte, eben damit beschäftigt, einen Ausländer zu sekkieren, ruft: haha, schon wieder! Die Sachbearbeiterin ruft: Ja, die Frau X. sagt, sie sei pleite! Der Schalterbeamte: Haha!, du da unterschreiben, DA, hab ich gesagt! Das stärkt das Vertrauen ins Bankinstitut. Ha, ist es nicht schön, das Leben auf dem Land. Das mit dem Kredit war ein Witz.

Die Interessenslage könnte sich ändern

Gute Sache, dieser Kiosk, dort lassen sie jetzt Menschen wie dich und mich auflegen, also mich, und ich mach das mit einer Hingabe, die an anderen Leuten verzweifelt wirken würde. Weil, du! Ich war früher auch cool! Das DJ-Pult im Kiosk ist vorne eine Käsequiche- und Schinkenpastetenvitrine, was sporadisch zu Missverständnissen führt: Keine Ahnung, ob da Speck drin ist, ich bin hier der DJ. Plattenaufleger mit einer fragileren Gemütslage würde sowas betrüben, aber meine Peinlichkeitstoleranz ist ja unendlich. Immerhin hat man eine hervorragende Sicht auf die Straße raus, ist so vor potenziellem Publikum gewappnet und kann eventuellen Interessensänderungen mit Umsicht begegnen. Kaum nähern sich von der anderen Straßenseite Menschen, die wie unter dreißig aussehen, reiß ich schon den ollen Marc Lanegan aus dem CD-Player und press Babyshambles rein, weil ihr! Ich weiß, was auf FM4 gespielt wird! Ich kenn mich ziemlich aus! Pete Doherty, bitte. Die jungen Menschen sind entweder längst am Lokal vorbeigezogen, um eine Location mit einem weniger anbiedernden DJ aufzusuchen oder sie kommen rein und verlangen direkt was von Matisyahu oder I AM X, was ich nicht habe und nicht kenne, wasss? Wie buchstabiert man das? Und sehe ich aus wie ein Wunschkonzert?

Immerhin, haben das alle bemerkt?, hat sich letztes Mal ein erstklassig junger und hübscher Bursch endlos mit mir unterhalten, dabei mit all seinen makellosen Perlenzähnen gelächelt und nonchalant die Konversationspausen hingenommen, die entstanden, wenn ich in meinem CD-Haufen nach Musik mit geringstmöglichem Jungmenschen-Vertreibungspotenzial wühlte. War der Nachbarsbub aus meinem Heimatkaff, vermutlich von der Ilse, seiner Mutter, angestiftet, jetzt geh doch mal da hin, die freut sich bestimmt. Das brauchen Sie aber nicht zu wissen, sondern nur, dass bis vier Uhr Früh Menschen körperlich anwesend waren, gegen halb drei wollte mich einer sogar heiraten, aber nicht der Helmi: Der kam um zehn vor zwölf und ging um fünf vor zwölf, weil ich solle doch bessere Musik spielen. Ma bitte.

Ein anderer Herr aber schenkte mir eine nur ganz leicht defekte Mini-Discokugel, die anderntags von zwei Vierjährigen enteignet wurde und jetzt im Kinderzimmer baumelt, ich soll ausrichten, danke: danke. Und, ach ja, der olle Baumgartner war da, neuerdings Strahlemann Baumgartner, denn Baumgartner wurde vor Wochen im Alter von 48 Jahren unbeabsichtigt zum ersten Mal Vater, sabbert jetzt permanent vor Glück und findet, ich solle doch nicht immer so negativ übers Kinderhaben schreiben. Das sei doch verrückt schön. Das sei doch unheimlich beglückend, wenn so ein Baby gaga macht und grugru, derlei. Warum ich denn das nie erwähne. He, Sie! Das ist, falls ich es noch nie erwähnt habe, übrigens unheimlich beglückend, was Babys so machen! Und Kinder überhaupt. Und, Sie: Davor war ich übrigens mal relativ cool.

www.musikkiosk.at

Ich weiß gar nicht, was schlimmer ist

Die Feierlichkeiten zum Geburtstag der Kinder dauern drei Tage, und dann können selbst die Zwillinge keinen Schokokuchen mehr sehen. Das erklärt die überaus endenwollende Begeisterung, mit der wir die schicken Törtchen entgegennehmen, die Carmen aus dem Sacher mitbringt, das sind, ruft Carmen, die kleinen, die ganz!, ganz! leckeren!, und wir: juhu, was möchtest du trinken. Es gibt Abendessen bei uns, eine diffizile Angelegenheit, die vor Wochen damit angefangen hatte, dass sich für das lange Wochenende endlich mal Carmen angesagt hatte, die aus Zürich, wunderbar, Riesenfreude. Tags darauf hatte mich Christl aus der Heimat informiert, dass sie am langen Wochenende mit den Kindern jetzt mal nach Wien käme, hurraaaa!, und keine Stunde später rief Kathi aus Zürich an, sie sei übrigens am langen Wochenende mit dem Kleinen in Wien, prima. Als dann überraschend Otto aus Bern anrief, wusste ich schon Bescheid.

Problem natürlich: wen trifft man wann, wen kann man mit wem zusammenspannen, wie mach ich alle froh. Wo machen wir die Kindergeburtstagsparty, wenn es regnet. Was kochen wir bei dem Abendessen für Carmen, die mich in Zürich immer zu großen Essen einlädt. Wie finde ich jetzt noch einen Babysitter für Kathi. Was für ein Kinderprogramm könnte Christls kleinen Landeiern gefallen. Und was mach ich mit Otto? Plus, bin ich nicht eigentlich berufstätig?

Das Abendessen fällt dann auf einen Abend nach dem Kathi-Abend, der lustig bis tief in die Nacht gedauert hatte, trotzdem ist es schade, dass Christl sich schon was anderes ausgemacht hat, denn die Kombination einer Hasenstall-im-Garten-Existenz (Christl) mit einer Schiele-überm-Esstisch-Biografie (Carmen) hätte Potenzial gehabt. Als sie aufwuchs hing der Schiele, wie Carmen mal erzählt hat, im Ankleidezimmer ihrer Eltern, und ich weiß nicht, was beklagenswerter ist: dass ich ohne Schiele oder ohne Ankleidezimmer aufwachsen musste. Tatsächlich rückte mich das Schicksal ökonomisch zwar nahe an den Hasenstall, gönnte mir aber nicht mal den, was mit einer extremen Abneigung meiner Mutter gegenüber Haustieren aller Art zusammenhing. Das war, wie ich kürzlich aus der „Süddeutschen" erfuhr, meiner psychosozialen Entwicklung nicht förderlich: Denn Kinder, die in der Gesellschaft von Haustieren aufwachsen, seien intelligenter und lernwilliger, das erklärt die extreme Bauerndichte an den Universitäten.

Dennoch hab ich beim Herrn Kabarettisten, als ich ihn zu diesem Essen einlud, einen zart hysterischen Eindruck erweckt, als er fragte, ob es eh o. k. sei, dass er seinen Bullterrier mitbringt. Aber sicher, denn der Ruf der erbarmungslosen Hundehasserin pickt ja rein zufällig an mir. Allerdings … Man könnte den Hund mit Sachertörtchen vom Verzehr der Kinder abhalten … ja. Mach alle froh.

Ich muss brutal einseitig sein, verstehst du

Seit Tagen esse ich praktisch nur Salat und muss mir dann von einem Chefredakteur sagen lassen, ich wär ganz schön viel. Wie, viel?, sagst du mir grad, ich sei fett? Der Chefredakteur kriegt ganz rote Bäckchen und stammelt, neinein, nicht fett, eher so: präsent, also in einem total positiven Sinn! Präsent, super. Aber positiv ist gut, denn ein anderer Chefredakteur, der kürzlich vom Obezahra-Journalismus zur Verbreitung bunter Botschaften überlief, sagte mir eben, ich solle nicht immer so verdammt negativ sein, negativ sei als Haltung total last season, nur good news seien heute good news. Später meint ein weiterer Chefredakteur, ich solle bitte meine Einstellung gegenüber Hunden überdenken, der soziale Aspekt vor allem. Ich hebe zu einer Erklärung an, dass ich privat eh nicht so unerbittlich bin, sondern, wenn es die Situation erfordert, schon fast widerwärtig kompromissbereit, aber professionell muss ich halt repräsentativ für alle Individualquerulanten gemein und brutal einseitig sein, also verstehst du.

Dabei mache ich, wie mir schwant, einen wenig intelligenten Eindruck. Die Verantwortung dafür trägt vollumfänglich mein Zahnarzt, der mir seit Wochen erklärt, der Drei-Siebener könne nicht weh tun. Der habe nix. Ich bilde mir das also ein? Tja, da ist nichts. Ich hab aber Zahnschmerzen! Der Zahnarzt versucht nun, mich mit irgendeiner Pille zu heilen, die in Verbindung mit zwei Veltliner-Achterl zu aufdringlicher Minderbemitteltheit führt, wie weite Teile des Armin-Wolf-Buchpräsentationspublikums bestätigen können. Ein Auslandskorrespondent wechselt zwei Sätze mit mir, dann flieht er mit allen Symptomen starker Idiosynkrasie. Eine Stadträtin schenkt mir einen Du-mich-auch-Blick, der aber eher damit zusammenhängt, dass es sich um jene Stadträtin handelt, die jetzt den ganzen Hundedreck verschwinden lassen soll.

Apropos. Auf allgemeinen Wunsch noch eins auf den Hund; Subkategorie „Hund und Kind", statuiert am Exempel des fünf Monate alten Kabarettistenbullterriers, der letzte Woche durch meine Wohnung gezerrt wurde. Ich gestehe: Der war zwar etwas schiarch, aber auch total herzig und gerade noch klein und doof genug, um sich widerstandslos von zwei Vierjährigen durchwalken zu lassen. Was in zirka Monatsfrist nicht mehr der Fall sein wird. Und dann könnte mir der Kabarettist zehn Gutachten vorlegen, dass der Hund jetzt zwar stark wie der Problembär, aber immer noch total herzig sei, das würde ich ihm gern glauben, ich müsste aber auch an den Mastino vom Kollegen V. denken, der war auch total herzig und hat im seligen Café Salzgries immer die Zaunlatten vom Schanigarten durchgebissen, krk, fertig, nächste. Völlig unprovoziert. Deshalb würde ich den Herzigkeitsquotienten des ausgewachsenen Kabarettistenbullterriers irgendwie nicht an meinen Kindern testen wollen. Nein, lieber nicht.

Hat Elfriede Jelinek ihren Hund nicht weggegeben?

Um vier lasse ich am Rande der Schwulenwiese die Füße in den Zürichsee hängen, um acht sitze ich in Wien vor meinem Computer und denke über die Fortsetzung der Hundekolumne nach. Das ist nicht leicht, wenn man direkt von einem Gelände kommt, auf dem Badetuch an Badetuch extrem gutaussehendes Männermaterial herumliegt und Muskelmasse präsentiert. Hunde, Kinder und der Vatertag, an den mich der Lange per SMS aus Wien erinnert, spielen dort eine überaus untergeordnete Rolle. Die Kerle verwirren mich so, dass ich meinen Flieger grad eben so kriege, was es mir ermöglicht, anderntags ausgeruht in den täglichen Morgen-Fight mit meiner Tochter gehen zu können. Das zieh ich nicht an. Dann das. Das zieh ich nicht an. Dann das. Das ziehe ich SICHER nicht an. So, letzte Chance: das. Nein.

Dann brülle ich, sie soll sich doch selber was suchen. Dann schmeißt sie sich heulend aufs Bett. Dann materialisiert sich in meinem Kopf eine Liste von Dingen, die bis elf erledigt sein müssen, und ich brülle, dass sie sich jetzt anziehen soll! Es ist schon halb neun! Ihr müsst in den Kindergarten! Ich muss arbeiten! Zieh! Dich! An! Dann tut sie das nicht. Und dann, darauf bin ich nicht stolz, krieg ich einen Blutrausch, pack sie und zwäng sie schimpfend in irgendein Gewand, und der Lange, der derweil (Das ist der Deal. Dafür krieg ich Kaffee ans Bett.) gemütlich geduscht hat, zeigt mir den Vogel und sagt mit einer gewissen Berechtigung, ich sei hysterisch. Das andere Kind wartet längst fertig angezogen an der Wohnungstür, und obwohl ich mir einst, als ich noch Illusionen über meine Mutterqualitäten hatte, geschworen habe, dass ich meine Zwillingstöchter nie miteinander vergleichen würde, dass jede nach ihrem eigenen Charakter eine eigenständige Person sein dürfe, denke ich mir jetzt, Himmel, warum kann die andere nicht auch ein bisschen so sein.

Vielleicht, ich räume das ein, wegen der Gene ihrer Mutter. Und mir ist schon klar, dass wir da in einem Radl sind, aus dem nur ich, die Mutter, uns rausbringen kann. Manchmal, an gelasseneren Tagen, gelingt mir das auch. An anderen nicht, das liegt zuvorderst an der Vereinbarkeitsproblematik, dann an meinem mangelhaften Charakter, der wiederum davon geprägt wurde, dass ich nie einen Hund habe durfte, danke, ich sehe selbst, dass das eine ziemlich verzweifelte Überleitung ist. Aber: Also, ich glaube schon, dass es für die soziale Entwicklung eines Kindes sehr gut sein kann, wenn es eine Beziehung mit einem Tier hat, die ja meistens friktionsfreier ist als die Beziehung etwa zur äh Mutter: ein Tier, für das es Verantwortung übernimmt und das dem Kind bedingungslose Zuneigung entgegenbringt und ihm damit das Gefühl gibt, dass es genau so o. k. ist, wie es ist. Was Eltern ja leider nicht immer schaffen.

Trotzdem finde ich diese neue Pro-Hund-Bewegung merkwürdig, auch wenn sie von Elfriede Jelinek unterstützt wird. Aber hat die nicht einst „News“ erzählt, dass sie sich mit ihrem Hund so schlecht verstand, dass sie ihn dann in Pflege gab? Wenn nicht mal die Hundebesitzer selber mit ihren Tieren zurechtkommen: Scheint mir nicht das beste Argument für Hunde zu sein. Das nur als kleiner PR-Tipp, völlig gratis.

Halten Sie mir bloß Ihren Hund vom Leib

Das Thema «Hund und Kind» kläfft auf Grund seiner eklatanten Unerschöpflichkeit nach Prolongierung. Und weil ich auf meine letzte Kolumne nicht nur ein Protestmail bekam, aber eins davon mit einem Foto, das eine Leserin zeigt, die ihr glückliches Antlitz an einen Bullterrier presst. Das Mail ist, wie in solchen Fällen üblich, anonym und enthält die üblichen Anfeindungen, die man sich bieten lassen muss, wenn man die Möglichkeit nicht ausschließt, dass Kinder von Hunden gebissen werden und sie deshalb lieber von Kampfhunden fern hält. Da ist man gleich, wie formulierte das die Dame?, eine stümperhafte Verbreiterin von Vorurteilen.

Und ich sag jetzt mal zurück: blöde Kuh. Schlecken Sie doch Ihren Hund ab, aber halten Sie ihn mir vom Leib. Denn das geht mir langsam sehr auf den Geist: Ich beschimpfe nämlich niemals Leute, die nicht mit Kindern können oder keine Kinder wollen oder Angst haben vor Kindern; hab ich Verständnis für, muss ja nicht jeder gleich sein. Und wenn Sie Kinder nicht ertragen, ist es total in Ordnung für mich, wenn Sie einen Bogen um mich und meine Brut machen; wobei ich ausschließen kann, dass Sie von einer meiner Töchter gebissen werden, oder dass sie Ihnen unter die Schuhe scheißen. Solange wir als Familie nicht vorsätzlich oder systematisch benachteiligt werden, ist mir individuelle Kinderaversion wirklich so was von einerlei. Aber kaum wag ichs mal, zu formulieren, dass ich Hunde nicht mag oder vor Kampfhunden Angst habe oder nicht gern in Hundekot trete, da bin ich gleich eine asoziale Psychopathin, die eine Therapie braucht. Das ist eine Unverhältnismäßigkeit, die ich mir langsam nicht mehr gefallen lassen will.

Sedlacek, der wieder selbst für seinen Hund sorgen muss, seit seine Mutter nicht mehr gut auf den Beinen ist, hieß mich allen Ernstes eine potenzielle Hundevergifterin. Ich hatte mich darüber aufgeregt, dass er seinen Hund ganz ungeniert und ohne das geringste Schuldempfinden in jede nicht ausdrücklich mit einem Verbot gekennzeichnete Grünfläche der Stadt scheißen lässt, wie viele andere Hundebesitzer auch, was dazu führt, dass alles Grün, das nicht als Kinderspielplatz gekennzeichnet ist, selbstverständlich den Hunden gehört. Das halte ich für falsch, denn ich stelle das Wohl von Kindern über das Wohl von Hunden: kommt mir evolutionskettentechnisch auch extrem natürlich vor, vielen Hundebesitzern dagegen nicht. Wenn ich Sedlacek das erörtere, sagt er, ich würde Hass schüren, ich sei eine Hasspredigerin, die Gräben schaufle zwischen Hunde- und Kinderbesitzern, genauso formuliert er es: Hunde- und Kinderbesitzer, und ich sage, Sedlacek, es hat keinen Sinn, über dieses Thema weiterzureden, wie gehts deiner Mutter?

Nun haben aber die anbetungswürdigen Initiatorinnen von www.hundekot.at die Unterschriften über 150 000 Menschen zusammengesammelt, die auch nicht mehr in Hundescheiße treten wollen. Und jetzt fühlt sich Sedlacek beim illegalen Grünstreifenversauen nicht mehr wohl. Ja: gut. So war es gedacht.

Sonst noch was

Am Sonntag Abend finde ich in meiner Mailbox 53 Wobistdus in den gängigen Variationen vor, 47 davon von Honzo. Honzo hätte dringend einen Rat gebraucht, aber ich war im Urlaub, was Honzo nicht wusste, weil es mir nicht gelungen war, in meiner Mailbox irgendwas Auto-reply-artiges einzustellen. Wo bist du?!?! Ich war in Grado, Darling, was ist so dringend? Hab ich vergessen, mailt Honzo, wie wars in Grado?

Für Grado kriege ich unaufgefordert drei Bobo-Punkte gutgeschrieben und rücke auf der Spießerskala einen Platz vor, was mich mit Stolz erfüllt, bis ich erfahre, dass es während meiner Abwesenheit im Freundeskreis zu einem öffentlichen Heiratsantrag gekommen sei. Uaaa. Zehennägelaufroll. Unschlagbar; fünfzehn Plätze vor, Minimum. Trotzdem: Grado. Denn früher hätte Honzo natürlich was in der Art fragen müssen wie: Wie wars in Nha Trang, in Asmara, in Belize-City?

In Grado wars: nett, mal abgesehen davon, dass die Kinder das ganze Strand-Meer-Ding für massiv überbewertet halten. Dabei ist in Grado die Adria ja ungemein kleinkindtauglich, eigentlich: nur kleinkindtauglich, es sei denn, man findet es geil, wenn einem bachlwarmes Wasser noch 200 Meter vom Ufer grade mal gegens Knie schwappt. Die Kinder: Was ist das? Die Eltern: das Meer! Schön, was? Kind 1: Da geh ich aber nicht rein. Die Eltern: Das ist total super! Ganz warm! Gar nicht tief! Kind 1: nein. Kind 2: hmm. Die Eltern: Ihr kriegt danach ein Eis. Die Kinder: Wo sind die Schwimmflügel? Zwei Minuten später flüchtet ein Kind heulend aus dem Wasser und brüllt, da geht sie sicher nicht mehr baden, solange wir nicht das Salz und die Wellen raustun! Das ist ja urgrauslich! Und viel zu wild! Meine Güte.

Wir lernen daraus: Es ist ein weitverbreitetes Missverständnis, dass kleine Kinder und das Meer ein Winning Team seien. Kleine Kinder wollen übersichtliche Becken mit krebsfreiem, blauem Trinkwasser, wie uns schon am ersten Urlaubstag in einem kleinen Referat unmissverständlich klar gemacht wird: Wir wollen ins Kongressbad, und zwar dalli. Sonst noch was? Ja, ein Eis. Aber weil wir richtig miese Egoschweineltern sind, zeigten wir den Kindern den krebsfreien, blauen Hotelpool am Dach erst am letzten Tag. Sonst hätten wir die ganze Woche das Meer nur von oben aus gesehen. Sonst noch was.

Mieten ist doch irgendwie charakterlos

Die Wohnungen, in die ich dieser Tage eingeladen werde, sind dazu angetan, die ungutesten Aspekte meiner eh schon beklagenswerten Tierkreisdisposition herauszuarbeiten. 150 qm Architekten-Neubau mit Riesenterrasse und grünem Rieseninnenhof, 200 qm Loft mit Terrasse und Garten, 400 qm Altbau mit einer Art Privat-Au. Neid. Willauch. Warumhabendiewasichnichthabe. Das Übliche. Aber das Wohnen mit Wiese steht im Moment nun mal in meiner Prioritätenliste ganz oben; hat wohl was mit der Hitze zu tun und damit, dass mir die Kinder alle Tage zur Kenntnis bringen, dass sie auch so einen Garten wollen wie der Jakob und die Fritzi, nicht nur so einen popeligen kleinen Balkon wie wir. Einen GARTEN. Ja, ich habs kapiert.

Mir steht der Sinn allerdings mehr nach einer Wochenendhütte am Land, in der richtigen Natur sozusagen, und Honzo mailt, haha! Zehn Bobopunkte! Und wenn du dann einen Lärchenriemenboden reinlegst nochmal 15 drauf! Ich maile, Honzo, du hast keine Ahnung, die Lärchendiele ist unter Bobos nämlich ganz out. Eichenparkett, Honzo!, der Bobo ist ja kein Hippie. Da könnte er ja gleich Renault Kangoo fahren, aber ein Bobo ist ja kein Pizzaservice, ein Bobo fährt natürlich Volvo Kombi, dass du das bei der Neuwagenbeschaffung bitte beachtest; aber sorry, was will ich Honzo erzählen, der hat eh einen. Aber: Der Industrieparkett zum Beispiel hat beim Bobo schwer an Ansehen eingebüßt; da werde man doch, wie mir Sedlacek erklärte, der unlängst in ein neues Loft gezogen ist, den Rest seines Lebens permanent an die Neunzehnneunziger erinnert, das sei doch quälend. Deswegen Eichenparkett, nur Eichenparkett, und nur in Fischgrät-Verlegung, ganz konservativ, nein, falsches Wort: zeitlos und wertkonstant. Weil man mietet jetzt ja auch nicht mehr, man kauft. Denn Mieten ist irgendwie charakterlos, Mieten ist was für Leute, die sich nicht entscheiden können und im Restaurant immer ewig die Karte studieren, ja.

Das weiß Honzo aber bitte auch schon. Also Eichenparkett, Fischgrät, aber aufpassen: unbedingt 3. Wahl bei der Sortierung. Dabei handelt es sich um dieselbe Holzqualität wie bei der Sortierung „Exquisit", aber die Maserung ist uneinheitlicher und also auf eine gute Weise aufwühlend, und es verleiht einem perfekten Boden einen Touch von Beiläufigkeit und Nonchalance, weißt du, eine gelassene Zufälligkeit, eine Art hidden Reminiszenz an die Zeiten, als es einem noch scheißegal war, wie der Boden unter den Füßen aussah, aus der Nähe sah man den eh immer nur wochenends um vier Uhr Früh herum oder wenn die Eltern auf Besuch kamen, und natürlich ist die C-Sortierung auch eine solidarische Geste gegenüber den weniger gesegneten Freunden, die ohne Bodenbelagswahlfreiheit in Miete wohnen müssen. Jetzt übertreibst du aber, mailt Honzo, und reden wir hier nicht von einer alten Hütte am Land?, da legt doch keiner Eichenparkett rein, du Semmel, und okay, da hat er Recht. Und es stimmt auch, dass ich, mein Sternzeichen ist schuld, nur neidig bin, mit meinem abgefuckten Lärchendielenboden in meiner Mietwohnung mit Balkon; und Honzo mailt, ach, Lärche?: lieb!

Looking through Larry Davids Eyes

Die Kinder sind fünf Tage bei Oma in den Ferien, und selbstverständlich machen wir all die Sachen, die Erwachsenen in Anwesenheit ihrer Kinder streng verboten sind: Wir sitzen jeden Tag schon um halb sieben in Unterhosen vor dem Fernseher, zupfen mit fettigen Fingern Pizza und Cheeseburger aus dem Karton und schauen uns acht bis zehn Folgen von „Curb your Enthusiasm" in Serie an. Ja, geil. Es geht da um Larry David, einen „Seinfeld"-Produzenten mit ungesundem Hang zur Rechthaberei, und in Anbetracht eines Konflikts um einen Liegestuhl im Kongressbad ein paar Tage zuvor, konstatierte ich beunruhigende Parallelen zu meiner eigenen Charakterkonstruktion. Ja, ich hab den Streit angefangen. Ja, ich war im Unrecht, obwohl andererseits wirklich alle Welt weiß, dass ein Liegestuhl ohne Badetuch ein freier Liegestuhl ist, egal ob er zwischen zwei akut bewohnten Liegestühlen eingekeilt ist oder nicht. Ja, die beiden dummen Schnepfen hatten wahrscheinlich Recht, als sie sich den Liegestuhl, kaum dass ich mich für zwanzig Sekunden von ihm entfernte, wieder zurückeroberten. Allerdings war das Recht nicht der Grund, warum ich mir den Liegestuhl nicht, wie Larry David es getan hätte, erneut erkämpfte, eher der Umstand, dass die Schnepfen so aussahen, als lümmelten bei ihnen daheim vorm TV gelangweilte Freunde mit dicken Fäusten und dem latenten Verlangen, diese auf einen kurzen Anruf hinauf auch mal für was anderes als den Bier- und Cheeseburgertransfer einzusetzen, wenn erforderlich eben zur Disziplinierung unbelehrbarer Feindmütter. Statt mich verprügeln zu lassen, giftete ich mich zwei Stunden lang auf meinem gebodigten Badetuch, überlegte rechtliche Schritte, formulierte öffentliche Protestbriefe, stellte meinerseits Schlägertrupps zusammen, stets im zittrigen Wahn, dass hinter mir hämisch gefeixt werde, was bei vorsichtiger Umschau gar nicht der Fall war, aber ich komm von sowas schlecht runter. Larry David noch schlechter; was „Curb Your Enthusiasm“ zu einer unbedingt empfehlenswerten, wenngleich etwas nervenzersetzenden Angelegenheit macht.

Aber einmal gingen wir auch aus und erzählten Mark Stewart nichts von unseren wahren Aktivitäten im kinderfreien Raum, sondern ließen ihn, als er derlei vor seinem furiosen Konzert im B72 mutmaßte, in dem Glauben, wir erzeugten fleißig weitere Kinder. Hohoho, sagte Mark Stewart, und wir taten erwischt. Erstens wollten wir ihn nicht enttäuschen, zweitens ist die Wahrheit oft sagenhaft unsexy. Ich aber schloss daraus, dass Mark Stewart selbst keine Kinder hat, jedenfalls nicht aktiv.

Als wir sie bei der Großmutter abholten, besaßen unsere Kinder übrigens jede Menge Dinge, die wir ihnen das ganze Jahr über unter Aufbietung aller Kräfte so entschieden untersagen, wie die Aufnahme von Nahrung vorm TV. Wobei wir vor Lügen nicht zurückschrecken: So schade, die rosalila Barbie-Sandalen aus Polyester und die Vollplastik-Baumeister Bob-Sneakers gibt's in eurer Größe leider nirgends. Da, wo Oma wohnt, gab es sie in allen Größen.

So treibens die Jungen

Dann seien doch Sie mal sichtbar post 30 und sitzen in einer nicht unbelebten ländlichen Gegend an einem Freitagabend an einer Bushaltestelle. Die Blicke aus den vorbeifahrenden Autos können Sie sortieren: zu kreditunwürdig für ein Auto, zu blöd für den Führerschein, zu feig, um betrunken heimzufahren. Oder: letztes Mal dabei erwischt worden. Dass man aus der Stadt kommt und gerne öffentliche Verkehrsmittel benutzt, auch wenn man gar nicht muss, kann sich dort draußen keiner vorstellen. Im Bus sitzen dann auch praktisch nur Jugendliche, Kleinkriminelle, Mitbürger mit Migrationshintergrund und ein Betrunkener, der periodisch vom Sitz fällt. Später steigt noch eine Blasmusikantin mit faszinierenden Waden zu, die fährt, wie mir bald klar wird, zur Arbeit, denn in Feldkirch ist Weinfest, was weit önologischer klingt, als es ist: Es geht hier keineswegs um die Qualität des verkosteten Weins, sondern um die dem Individuum gerade noch zumutbare Menge.

Begleitend spielen in der Fußgängerzone alle Blasmusiken des Rheintals gleichzeitig, wenngleich nicht dasselbe, und weil das noch nicht schlimm genug ist, wird mir auch noch ein Riemen meiner Sandale kaputt, was es zusätzlich erschwert, mich durch die dampfende Menge zu fädeln, ohne angeschwitzt zu werden. Ich kann jetzt bestätigen, dass Menschenansammlungen möglich sind, von denen man entschieden unlieber angeschwitzt wird als von anderen. Während ich es zum Beispiel für gerade noch tolerabel halte, im Publikum des Final-Fantasy-Gigs fremdbefeuchtet zu werden, lass ich mich von den Besoffenen des Feldkircher Weinfests überaus ungern antranspirieren, das ist extrem ekelhaft, man will nichts als auf der Stelle duschen. Bevor ich an einem Tisch des „Rauch“

meine Sandale mit – mal sehen, was sich in dieser Tasche findet, ja, das müsste gehen – Cinderella-Pflaster flicke, rufe ich Christl an, dass sie lieber nicht ins „Rauch" kommt, sondern gleich in die Poolbar, denn hier wird grad mein ansonsten ungebrochener Wille zur Idealisierung des Alkoholkonsums gehörig ins Wanken gebracht. Ich bin jetzt bereit einzuräumen, dass das Trinken doch nicht für alle das Richtige ist. Für den Tätowierten da drüben zum Beispiel gar nicht.

Dieser Meinungswandel wird im Laufe des Abends durch einen Anruf des Langen aus Wien stabilisiert: Der Nachbarpubertierende hat wieder sturmfrei, und es gab wieder Party, und sie haben im Suff wieder Bierflaschen vom Balkon geworfen, diesmal mit ungünstiger Wirkung auf unser Auto. Wie saudumm sind eigentlich die Jungen? Waren wir auch so saudumm? So saudumm waren wir nicht, oder? Christl sagt, na, nicht, aber weißt du noch, wie wir nach der Schule immer drüben im Einkaufszentrum vorm „Musikladen" rumgelungert sind und der Lucky hat manchmal im Interspar eine Flasche Jim Beam geklaut, und dann haben wir auf dem Klo vom „Game 2000" immer …, aber an sowas kann ich mich überhaupt nicht erinnern, ich kann mir wirklich nicht vorstellen, dass ich da dabei war.

Dann muss ich dich fertigmachen

Jetzt hab ich mir gedacht, schreib ich doch mal darüber, wie letzte Woche, als wir an einem tüchtig über 30 Grad heißen Tag mit der Bahn fuhren, bei Landeck die Klimanlage des Kinderspielwaggons ausfiel und bis Wien nicht repariert wurde, und wie dann praktisch überhaupt kein Personal in dieser unbelüfteten Mobilsauna mehr erschien, schon gar nicht, um irgendwelche Hilfe anzubieten, etwa beim Finden von Plätzen in klimatisierteren Zugzonen, oder beim Transfer von Kindern und Gepäck dorthin. Aber Honzo sagt, nichts Uncooleres sei denkbar, als öffentliche Kritik am öffentlichen Verkehr, und ein im eigenen Blog publizierter Beschwerdebrief an die ÖBB sei blogmäßig praktisch überhaupt der Unwürdigen-Ausweis, aber weil mir Honzos Meinung in Stilfragen wirklich vollkommen einerlei ist, warte ich eine volle Viertelstunde, bis ich den original Beschwerdebrief an die ÖBB, Abt. Anregung / Kritik, wieder rausnehme. Ich meine, letztes Mal, als ich mit Honzo zum Mittagessen war, hat er ein rosa Hemd getragen, so viel zu Honzos allgemeinem Stilempfinden, denn natürlich sollten Männer über drei prinzipiell keine rosa Sachen tragen. Es war allerdings ein eher scheues Rosa auf einem eher edlen Hemd und deswegen gerade noch abnickbar, aber ich hab gesagt, Honzo, wenn ich dich je in einem rosa Polo-Shirt erwische, muss ich dich fertig machen, und Honzo, sagte, na gut.

Das typische Bundesbahnerlebnis war die völlig logische Folge meiner jüngsten Lobpreisung öffentlicher Verkehrsmittel, und das ist natürlich symptomatisch. Sowas passiert immer. Dennoch findet Honzo, ich solle gefälligst was Spannenderes erleben, also fahren wir am Samstag auf Wunsch des Langen (ernsthaft! Seine Idee!) alle miteinander zu Ikea, wo der Lange schon in der Küchen-Abteilung bei den Grundtal-Haken die Nerven wegwirft und später an der Kassa das Kind anschnauzt, das ihm beim Kindertischplattentransport behilflich sein will, und die Kassierin grinst mich an und sagt, haha, wie immer: Am Ende sind die Frauen glücklich und die Männer nur am Ende. Aber das findet Honzo auch nur semimitreißend.

Also treffe ich mich mit dem Fräulein Kaiser an der Adria, wo wir aber auch nichts Signifikantes erleben, außer dass wir von zwei TV-Scouts angesprochen werden, ob wir nicht im Fernsehen unseren Traummann finden wollen. Danke, ich hab schon einen, der mich bei Ikea beschimpft. Und sehe ich echt so kaputt aus, dass man mich auf den TV-Strich schicken möchte? Das macht mir ein wenig Sorgen. Würds mir auch, sagt Honzo.

Mehr Sorgen machte mir allerdings, wenn ich, wie Vater Bösch kürzlich, in der Badewanne säße, und mein dreijähriger Sproß käme rein, sondierte kurz die Lage und schmisse mir dann den eingesteckten Fön in die Wanne, und mein Leben hinge, wie das von Vater Bösch, an einem Gottseidank zu kurzen Kabel. Das gäbe mir zu denken. Da erleb ich lieber nur ein bisschen Transpiration in der Bundesbahn, also ehrlich.

Sitzen lernen

Das ist der Sommer, in dem ich nicht mehr aufstehe. Diesen Sommer bleibe ich sitzen. Diesen Sommer wate ich nicht mehr knietief durch das seichte, verseuchte Wasser städtischer Kinderbecken: Ich bleibe sitzen und schaue meinen planschenden Kindern zu, und solange nicht geröchelt und leblos auf dem Wasser getrieben wird, sehe ich keinen Grund, meinen Liegestuhl zu verlassen. Diesen Sommer tauche ich nicht mehr stundenlang Schaukeln an, höcher! noch höcher! Nein. Ich sitze auf einer Bank im Schatten, lese Feuilletons oder unterhalte mich mit den anderen Müttern, die diesen Sommer auch sitzen bleiben. Gut, heuer laufen wir gebückt hinter Kinderfahrrädern her, jaaa! supääääär!, priiiiiima machst du das, ganz toll, du musst nur lenken!, lenken!!, LENKEN!!!, aber sonst bleiben wir sitzen. Und o. k., wir dürfen noch einmal die schon fast vergessenen Wonnen der Wasserrutschen erleben, und noch einmal, und noch einmal, und noch einmal, und ein Mal noch, nur ein letztes Mal!, aber sonst bleiben wir sitzen. Plus schnallen wir relativ oft Inline-Skates an und ab, sowie das ganze Schutzzeugs, wir hatten doch das ganze Schutzzeugs früher auch nicht, und sind wir nicht auch groß geworden, aber bitte: vier Mal Rollschuhe rauf, vier Mal Ellenbogenschutz rauf, vier Mal Knieschoner rauf, vier Mal Handgelenkschoner drauf, vier Minuten Rollschuhlaufen, fad, mag nicht mehr, vier Mal Handgelenkschoner runter, vier Mal Knieschoner runter, vier Mal … ich denke, Sie haben die Idee. Aber sonst bleib ich eigentlich meistens sitzen.

Am liebstens säße ich an Spätnachmittagen auf meinem Balkon oder grübe dort in meinen Töpfen rum, aber das lassen meine Kinder nicht zu. Ich hol sie vom Kindergarten ab, sie sagen, was machen wir heute, ich sag: Nichts. Die Kinder:

Wie, nichts?! Ich: Nichts, im Sinne von nichts. Wir gehen nach Hause. Die Kinder: Nicht nach Hause! Wer kommt mit? Ich: Heute niemand. Gestern waren wir bei Oskar, vorgestern waren wir mit den Hofingers baden, vorvorgestern waren der kleine Horvath und der Pauli bei uns. Heute gehen wir einfach nur ganz allein nach Hause. Die Kinder: Plärr, am-Boden-wälz, plärr. An guten Tagen gehen wir trotzdem nach Hause. An den anderen ertrotzen sie einen Mindestaufenthalt am Spielplatz. Immerhin, ich sitze. Wenn auch nicht bei meinen Rosen.

Apropos Rosen, denn ich war ja grad ein Wochenende lang in Zürich, und besuchte da auch Carmen. Und Carmen hat auf ihrer Terrasse auch Rosen. Schöne, wohlriechende Rosen. Und unmittelbar nach getaner Rosenbewunderung, als wir uns im Liegestuhl grad was Kühles genehmigen, kommt Haemmerli, ihr Schatz, daher und im Überschwang der glücklichen Gärtnerin will Carmen nun auch Haemmerli am Wohlgeruch teilhaben lassen und sie ruft: Schatz, du musst mal an den rosa Rosen riechen, die duften herrlich! Und, Haemmerli, ganz braver Liebster, eilt auch sogleich zur Blüte hin, steckt seine Nase hinein, und ruft: Ja, Schatz, wirklich, wunderbar! Und Carmen ruft, Schatz, das sind die Petunien! Und Haemmerli ruft: Scheißdrauf, gebt mir was zu trinken! Nicht ich; excusez-moi: Ich steh diesen Sommer nicht auf.

Unbesorgnis is my middlename

Hören tu ich zur Zeit am liebsten Metric, das ist ein musikalisch sehr vorteilhaft kanalisiertes Frauengegrantel from Canada, auf unkindische Weise postpunkig, so dass man das, das rede ich mir wenigstens ein, auch als Erwachsene gut finden kann. Darf. Also. Dieses Erwachsensein bleibt ein schwieriges Terrain, vor allem aufgrund des Fehlens eines verbindlichen Kanons. Beziehungsweise, falls einer existiert – und ich denke, meine Mutter denkt, dass das der Fall ist – weiß ich ihn zu ignorieren. Lieber bin ich, anders als etwa Sedlacek, praktisch permanent verunsichert. Denn während Sedlacek, dessen Handy mir heute nachmittag unablässig MMSe aus dem Inneren seines Hosensacks schickte, die gängigen Reife-Aspekte wie Würde, Distinguiertheit oder die Fähigkeit, die Tastensperre seines Handys zu aktivieren, für keine erstrebenswerten Erwachsenentugenden hält, wünsche ich mir auf meinem Weg in den Pflegenotstand immer noch etwas derartiges wie eine Etappe eleganter Reife. Aber jedesmal wenn ich die Bergwertung dorthin faktisch geschafft habe, wenn die Wohnung seit Tagen meisterpropper ist, wenn der Umgang mit den Kindern alle Züge vorschriftsmäßiger Spätmuttergelassenheit trägt, wenn Frisur und Garderobe stimmig und alle Rechnungen termingerecht bezahlt sind, überkommt mich brutale Langeweile über diese Beige-Werdung meines Charakters. Und ich tu schnell etwas untadelig Unreifes, brülle die Kinder wegen einer Nichtigkeit zusammen, kaufe mir Röhrenjeans und lasse mir, trotz unmissverständlichen Friseur-Grimassierens, die Haare blöd schneiden und headbange dann damit beim Autofahren zu Sugarplum Fairy. Yessss. Ich bin eine Schande für meine Generation.

Dafür sind meine Kinder das Gegenteil, nämlich für ihr Alter sehr vernünftig. Bei uns steht jetzt alle fünf Meter eine Ameisenfalle, und ich erklär ihnen: Herschauen, da: Ameisenfallen. Giftig! Nicht anfassen! Okay, sagen die Kinder. Nicht spielen damit! Wir habens kapihiert!, sagen die Kinder. Weil, sag ich, auf der einen Seite krabbeln die Viecher rein, dann fressen sie das Gift, dann krabbeln sie auf der anderen Seite raus, dann tragen sie das Gift zu ihrem Stamm und alle tot. Geilo, sagen die Kinder, und ich kann sicher sein, sie werden die Dinger nicht abschlecken. Sie haben auch kapiert, dass die grünen Kugerl in den Balkonkisterl keine Zuckerln sind, sondern für Menschen giftig. Unbesorgnis is my middlename, und wie ich gestern den Balkon ausgiebig gieße und die Mimis hinter mir rumalbern, bin ich total unbesorgt, und als ich mich umdrehe, liegen sie unter den Blumenkisterl am Boden und lassen sich das Gießwasser in die Mäuler plätschern. Ich: SEIDS! IHR! DEPPERT! DAS IST DOCH GIFTIG! Die Mimis: Aha, so, hmm, ja dann. Ich: WIE ALT SEIDS IHR DENN, HIMMEL NOCHMAL!!! Die Kinder: vier! Ich: Äh, vergessen, sorry. Aber bitte, ich kann mir ja nicht mal mein eigenes Alter merken.

Autorin

Doris Knecht wurde in Rankweil (Vorarlberg) geboren. 1985 übersiedelte sie nach Wien, brach ein paar Studien ab, arbeitete als Putzfrau, Sekretärin und im Undergroundclub *Flex* und begann 1989 bei der Wiener Stadtzeitung *Falter*, wo sie 1995 stellvertretende Chefredakteurin wurde. Daneben schrieb sie für die *Neue Zürcher Zeitung* und als Gastkommentatorin für die *Presse*. 1998 wurde sie Redakteurin bei *profil* und kommentierte nebenher für den *Kurier*. 2000 zog sie als Redakteurin des *Tages Anzeiger Magazin* nach Zürich, übersiedelte 2002 wieder nach Wien und bekam Zwillinge. Derzeit kolumniert sie vier mal wöchentlich für den *Kurier* und wöchentlich für den *Falter*. Sie lebt mit ihrer Familie in Wien. Die vorliegenden Kolumnen erschienen zuerst im *Falter* und im *Tagesanzeiger*.

www.dorisknecht.com